Brigitte Kochen & Einfrieren

170 neue Rezepte
von Burgunde Rudolph
und Christa Lösch.
Dazu alles über Tiefkühlen:
Nahrungsmittel von A–Z.
Verpackung. Haltbarkeit.

Ein Brigitte-Buch
im Mosaik Verlag

Nahrungsmittel, die sich zum Einfrieren eignen

Die Autorinnen

Christa Lösch,
geboren 1950, besuchte in Hamburg die Fachschule für Hauswirtschaft und Ernährung. Sie arbeitete acht Jahre lang als Energieberaterin. Seit 1978 ist sie Redakteurin im Brigitte-Ressort Haushalt und Küche.

Burgunde Rudolph,
geboren 1951 in Hattorf am Harz, machte in Berlin ihr Examen als Hauswirtschaftsleiterin. Sie arbeitet seit 1981 als Redakteurin im Brigitte-Ressort Haushalt und Küche.

Herausgeber: Peter Brasch; Lektorat: Marita Heinz
Gestaltung: Dietmar Meyer, Ekkhart Blunck; Fotos: Ortwin Möller; Zeichnungen: Jens Lösch
Produktion: Druckzentrale G+J
Satz: Alster-Lichtsatz, Hamburg · Druck: Mohndruck, Graphische Betriebe GmbH, Gütersloh

Printed in Germany · ISBN 3-570-06958-3

Inhalt

1.

*Alles über Gefriergeräte,
Küchenausstattung,
Verpackungsmaterialien,
das Vorbereiten
von Obst und Gemüse,
die Lagerung
und das Auftauen von
Einfriergut.*

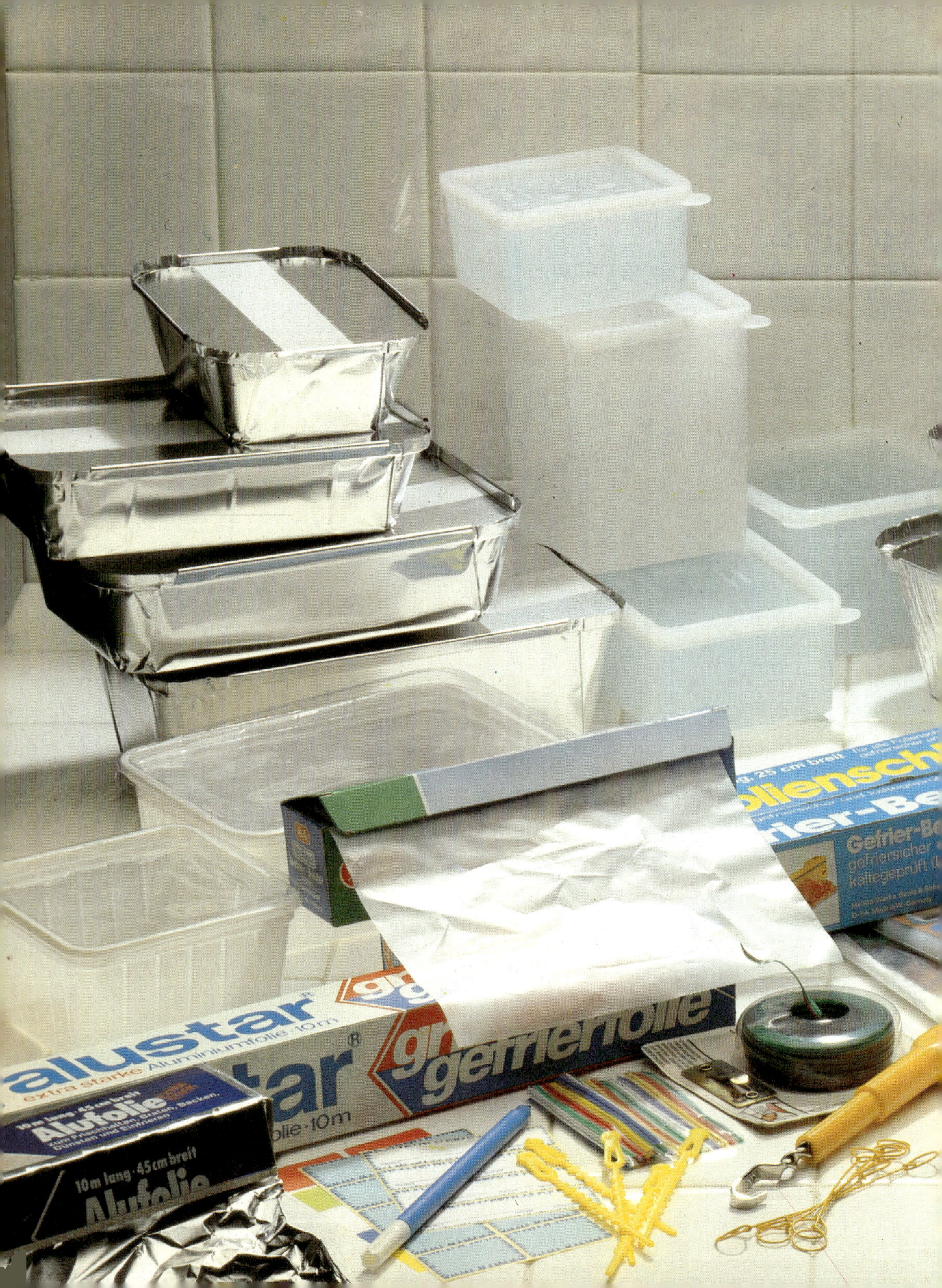
alustar®
extra starke Aluminiumfolie · 10m
gefrierfolie
10m lang · 45 cm breit
Alufolie
zum Einfrieren, Braten, Backen, Dünsten und Eintreiben
gefriersicher
kältegeprüft

Verpackungsmaterialien und Zubehör

Gefriergeräte

Heute steht in jedem zweiten Haushalt ein Gefriergerät. Denn: Geld und Zeit sparen, günstige Sonderangebote ausnutzen und auch zu Weihnachten Spargel und Erdbeeren essen, das ist zu einem vernünftigen Preis nur möglich, wenn man ein Gefriergerät besitzt. Technisch ausgereift sind diese Geräte inzwischen alle, der Unterschied liegt in der Größe und in der Ausstattung.

Gefriertruhen machen nur noch etwa ein Drittel aller verkauften Geräte aus. Weil sie viel Platz beanspruchen, sind sie für die Wohnung nicht so praktisch, sondern eher für den Keller geeignet. Sie verbrauchen meist weniger Strom als Gefrierschränke, dafür sind die Lebensmittel nicht so übersichtlich gelagert. Truhen haben einen Bruttoinhalt zwischen 140 und 600 Liter. Sie sind vor allem für große Familien, ländliche Haushalte und für Leute interessant, die (zum Beispiel für Gästebewirtung) eine intensive Vorratswirtschaft betreiben.

Gefrierschränke brauchen nicht mehr Stellfläche als der Kühlschrank. Sie haben einzelne Fächer, die Lebensmittel lagern daher sehr übersichtlich. Bei den neueren Modellen muß man nicht mehr in das Fach hineingreifen, man kann es auf Rollen leicht herausziehen.

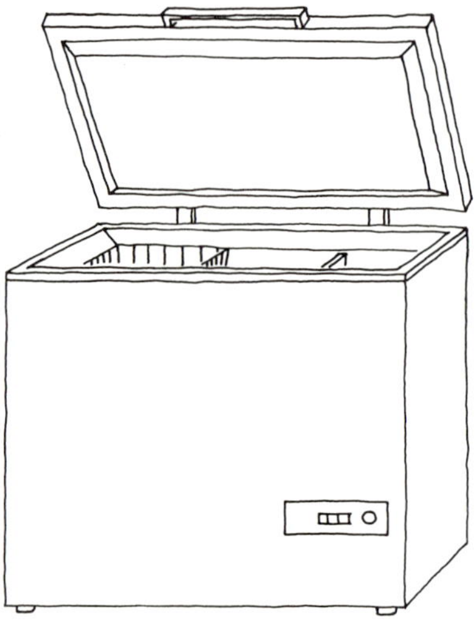

Gefriertruhe

Gefrierschrank

Es gibt:
Kleingefrierschränke mit 70 Liter Bruttoinhalt. Sie sind nur für Single-Haushalte geeignet oder für Leute, die mit einem kleinen Vorrat an gefrorenen Lebensmitteln auskommen wollen. Man kann sie auf einen schon vorhandenen Kühlschrank stellen.
Tischgefrierschränke mit 120–150 Liter Bruttoinhalt. Sie haben die Normalhöhe von 85 cm, benötigen also soviel Platz wie ein Kühlschrank. Ein Gerät dieser Größe reicht für einen Zwei- bis Vier-Personen-Haushalt aus, der keine intensive Vorratshaltung betreibt.
Standgefrierschränke mit 180 bis 500 Liter Buttoinhalt. Sie sind höher als die Tischgefrierschränke und passen nicht mehr in das normale Arbeitshöhenmaß. Von der Kapazität her sind sie eine Alternative zur Gefriertruhe, brauchen aber weniger Stellfläche.
Gefrierschränke lassen sich in jede Einbauküche einpassen. Mit Dekorplatten, die vor die Tür gesetzt werden, fügt sich das Gerät in jede Küchenzeile ein.

Kühl-Gefrier-Kombinationen sind eine gute Erfindung für kleine Küchen. Sie brauchen die gleiche Stellfläche wie ein Kühlschrank, vereinen aber „Kühlen" und „Gefrieren". Der Kühlteil ist über dem Gefrierteil angebracht und so bequem in Augenhöhe. Bruttoinhalt: 160 bis 300 Liter (Kühlteil) und 100 bis 220 Liter (Gefrierteil).
Vorratszentren bieten neben Kühlen und Gefrieren noch die Möglichkeit, Lebensmittel bei Kellertemperatur zu lagern. Das ist praktisch für Etagenwohnungen ohne Keller oder wenn der Keller für die Lagerung von Lebensmitteln zu warm ist.

Kühl-Gefrier-Kombination

Einfrieren mit Komfort

Gefriergeräte sind in den vergangenen Jahren immer besser ausgestattet worden. Fast alle bieten:

- netzunabhängige Temperaturanzeige
- netzunabhängigen Alarm bei Ansteigen der Temperatur und bei zu lange geöffneter Tür
- elektronische Frostautomatik (sie schaltet automatisch ab, wenn das Einfrieren beendet ist)
- Eiswasser- und Eiswürfelbehälter
- Extrafach für Eiswürfelbehälter und Kühlakkus
- Lagerkartei

Brutto- oder Nutzinhalt

In den Pospekten der Hersteller wird die Größe eines Gefriergerätes immer als Bruttoinhalt angegeben. Der tatsächliche Raum, der zum Einfrieren verfügbar ist, liegt aber niedriger, weil Nischen, Zwischenböden und Körbe Platz wegnehmen. Der tatsächlich nutzbare Raum beträgt bei Gefriertruhen ca. 90 Prozent des Bruttoinhalts, bei Gefrierschränken ca. 80 Prozent. Wie groß das Gefriergerät sein soll, hängt ab von der Familiengröße, den Eßgewohnheiten und den Einkaufsmöglichkeiten. Als Faustregel gilt: 50 bis 80 Liter Nutzinhalt pro Erwachsenem, wenn man überwiegend fertig gekaufte Tiefkühlkost lagert und nur gelegentlich frische Lebensmittel einfriert. Bei intensiver Vorratshaltung (zum Beispiel als Besitzer eines Nutzgartens) rechnet man 100 bis 130 Liter pro Person. Ein Gerät mit 100 Liter Nutzinhalt bietet Platz für 50 bis 70 Kilogramm gemischtes Gefriergut, für 50 bis 80 Kilogramm Fleisch oder für 40 bis 60 Kilogramm Obst und Gemüse.

Die richtige Ausrüstung zum Einfrieren

Um das Gefriergerät sinnvoll und wirtschaftlich nutzen zu können, braucht man auch in der Küche die richtige Ausstattung:
einen Kochtopf von ca. 10 Liter Fassungsvermögen, zum Blanchieren von Gemüse und zum Kochen von größeren Mengen Suppe oder Eintopf;
eine Pfanne (28 cm Durchmesser) zum Braten und Dünsten von größeren Mengen;
einen Schnellkochtopf für Gerichte mit längerer Garzeit. Damit kann auch die berufstätige Hausfrau am Feierabend Gulasch oder Rouladen auf Vorrat kochen und einfrieren;
eine Küchenmaschine mit Schnitzelwerk und Fleischwolf zum Verarbeiten von größeren Mengen Teig, Gemüse und Fleisch;
einen Blanchierkorb zum Blanchieren und einen Durchschlag zum Abtropfen von Obst und Gemüse;
einen Kurzzeitwecker für die exakte Einhaltung der Blanchierzeit;
Eiswürfelbehälter zum Einfrieren von Kräutern, Saft oder Brühe;
ein Tiefkühlmesser zum Zerteilen von gefrorenen Lebensmitteln.
Eine sehr gute Ergänzung zum Gefriergerät ist ein Mikrowellengerät. Man kann damit in kurzer Zeit Geflügel, Fleisch, Fisch, Gemüse und Obst auftauen, bevor man es weiterverarbeitet, oder aber Fertiggerichte auftauen und gleich darin erwärmen. Auch sehr empfindliche Lebensmittel wie Torte oder Sahne können darin schnell und schonend aufgetaut werden. Für einen Becher Sahne zum Beispiel braucht man 2 Minuten, für ein tiefgefrorenes Hähnchen 10-12 Minuten. Zum Vergleich: Bei Zimmertemperatur braucht das Hähnchen 5–6 Stunden.
Die Mikrowellengeräte müssen mit einer Intervallschaltung oder Auftaustufe ausgerüstet sein, damit die Speisen gleichmäßig auftauen und nicht außen weich, im Kern aber noch steinhart sind. Wie man sie benutzt, hängt vom jeweiligen Gerätetyp ab. Desalb immer die Hinweise des Herstellers beachten!
Zu beachten: Zum Auftauen im Mikrowellengerät möglichst Glas- oder Keramikgeschirr verwenden. Kochtöpfe oder Papier sind ungeeignet. Die Speisen beim Auftauen immer abdecken, damit sie nicht austrocknen.

Verpackung

Das Fleisch kann noch so zart und das Gemüse noch so frisch sein – wenn Sie es zum Einfrieren nicht richtig verpacken, wird es strohig und fade. Die Verpackung muß folgende Eigenschaften haben:

- Sie muß lebensmittelecht und kältebeständig sein und darf bei Temperaturen bis minus 40 Grad nicht spröde oder brüchig werden. Joghurtbecher z. B. sind daher ungeeignet.
- Sie muß geruchlos und geschmacksneutral sein.
- Sie muß Sauerstoff, Aroma und Feuchtigkeit festhalten. Kartons und gewöhnliches Papier sind daher ungeeignet.
- Sie muß gegen Fett und Säuren beständig sein.

Mehrmals verwendbare Verpackung (z. B. Kunststoffdosen) muß sich gut reinigen lassen, möglichst auch im Geschirrspüler.

Zu kaufen gibt es folgende Verpackungen in verschiedenen Größen:

Gefrierbeutel: Man kann sie vielseitig verwenden. Von der Suppe bis zum Fleisch läßt sich fast alles in Beutel füllen. Beim Verpacken von flüssigen Lebensmitteln, wie Suppen und Eintöpfen, sollte man die Beutel in Kunststoffdosen oder ein Litermaß stellen und so vorfrieren. Die Beutel lassen sich dann wie andere Behälter platzsparend stapeln. Da die Reinigung der Beutel etwas umständlich ist, wird man sie nur einmal verwenden. (Inhalt ein bis sechs Liter)

Folienschläuche: Sie sind aus dem gleichen Material wie Gefrierbeutel, aber „endlos" gefertigt. Man kann damit Beutel in jeder beliebigen Größe selbst herstellen – allerdings nur mit Hilfe eines Folienschweißgerätes.

Gefrierkochbeutel: Diese speziellen Beutel sind nicht nur – wie die anderen Folien – bis minus 40 Grad kältefest, sondern auch bis 110 Grad hitzefest. Man kann darin eingefrorene Lebensmittel schonend im Wasserbad erhitzen. Daher sind sie ideal für Suppen, Eintöpfe, Fleisch oder Fisch mit Soße und für Reste. Praktisch auch für kleine Mengen im Ein-Personen-Haushalt.

Alufolie: Sie eignet sich vor allem für große, sperrige Lebensmittel wie Brot, Gebäck, Geflügel und große Fleischstücke. Allerdings ist nur die extra starke Folie (Angabe auf der Verpackung: 0,02 mm) zum Einfrieren geeignet. Da Alufolie leicht reißt, sollte man scharfe Kanten und Spitzen, wie zum Beispiel die Keulen- und Flügelenden bei Geflügel, noch einmal extra mit Alufolie umwickeln.

Aluformen: Gefrierformen aus Aluminium sind extrem kälte- und hitzebeständig. Selbsteingefrorene Gerichte können gleich in diesen Formen im Backofen erhitzt werden. Pasteten, Kuchen oder Pizza kann man darin backen und dann einfrieren. Beim Backen sollten Sie allerdings etwas verlängerte Backzeiten berücksichtigen. Aluformen gibt es in vier Größen von 0,25 bis 1,2 Liter Inhalt. Sie werden mit einem Klarsichtdeckel oder einem Deckel aus Aluminium verschlossen. Man kann die Formen sehr platzsparend stapeln, sollte sie aber nicht mehrmals verwenden. Sie bekommen Knick- und Bruchstellen und lassen sich dann nicht mehr fest verschließen.

Kunststoffdosen: Gefrierdosen sind besonders für Haushalte zu empfehlen, in denen viel eingefroren wird. Sie lassen sich viele Male wiederverwenden und sind leicht zu reinigen. Eckige Dosen lassen sich im Gefriergerät gut stapeln. Sie sind für fast alle Gerichte geeignet. Empfehlung der Hersteller: Die Dose mit dem eingefrorenen Lebensmittel vor dem Öffnen kurze Zeit bei Zimmertemperatur stehenlassen. Dann ist der Kunststoff nicht mehr spröde und kann beim Abheben des Deckels nicht brechen. Größen: 0,5 bis 1,75 Liter.

Wer sich aus Kostengründen nicht zu viele Dosen kaufen möchte, kann viele Lebensmittel in Dosen vorfrieren und dann zum Lagern in Gefrierbeutel umfüllen.

Ganz neu sind Kunststoffdosen, die zum Einfrieren und zum Auftauen bzw. Erhitzen im Mikrowellengerät entwickelt wurden. Jede dieser Dosen hat zwei Deckel: einen zum Frischhalten und Einfrieren, einen anderen zum Auftauen. Er verhindert, daß die Speisen beim Erhitzen im Mikrowellengerät austrocknen.

Zubehör: Zum Verschließen der Beutel braucht man Klipse, zum Verschließen von größeren Packungen und Dosen gefrierfestes Klebeband. Jedes Päckchen, jede Dose sollte mit einem kältefesten Etikett versehen sein, auf dem der Inhalt, die Menge und das Einfrierdatum vermerkt sind. Zum Beschriften von Folien und Aluformen gibt es spezielle Folienschreiber, die eine dauerhafte Schrift garantieren.

Beim Verschließen der Beutel ist darauf zu achten, daß soviel Luft wie möglich herausgedrückt wird. Das spart Platz im Gefriergerät.

Wer regelmäßig einfriert, sollte sich ein Folienschweißgerät zulegen, mit dem man Beutel in jeder gewünschten Größe herstellen und zuschweißen kann. Seit einiger Zeit sind Geräte auf dem Markt, die nicht nur schweißen, sondern mit einer Vakuum-Pumpe gleichzeitig die Luft aus der Verpackung saugen. So bleibt wenig Sauerstoff im Beutel zurück. Mit den neueren Schweißgeräten kann man nicht nur Gefrierbeutel und Folienschläuche verschweißen, sondern auch Frischhalte- und Gefrierkochbeutel.

Vorbereiten von Gemüse

Alle Gemüse sollten so frisch wie irgend möglich eingefroren werden. Neben dem Putzen und Waschen gehört dabei das Blanchieren zu den wichtigsten Vorarbeiten. Blanchieren kommt aus dem Französischen und bedeutet „abbrühen". Das heißt: Das Gemüse wird für kurze Zeit in kochendes Wasser getaucht. Das ist notwendig, weil bereits geerntetes Gemüse noch weiter „arbeitet": Enzyme, die im Gemüse enthalten sind, bauen Vitamin C und Farbstoffe ab. Diese Enzyme vertragen keine Hitze und werden beim Blanchieren abgetötet. Dabei gehen zwar auch Vitamine und Nährstoffe verloren, aber die Verluste wären viel größer, wenn man das Gemüse unblanchiert einfrieren würde.

So wird's gemacht:

1

In einem großen Topf mindestens 5 Liter Wasser zum Kochen bringen. Das gewaschene geputzte Gemüse in ein Metallsieb oder einen Blanchierkorb geben (man rechnet auf 5 Liter Wasser höchstens 500 Gramm Gemüse) und ins kochende Wasser tauchen. Sobald das Wasser wieder kocht, die Blanchierzeit auf dem Küchenwecker einstellen. Den Korb mehrmals im Wasser schwenken.

2 Sobald die Blanchierzeit beendet ist, den Korb herausnehmen und in Eiswasser tauchen. Ihn darin so lange schwenken, wie das Gemüse blanchiert wurde. Das kalte Wasser zwischendurch erneuern oder durch weitere Eiswürfel kalt halten.
Das Gemüse abtropfen und abkühlen lassen.

3 Dann sofort verpacken und einfrieren.
Weiße Gemüse wie Blumenkohl oder Fenchel können sich braun färben. Deshalb etwas Ascorbinsäure (künstliches Vitamin C aus der Apotheke) ins Blanchierwasser geben. Auf 5 Liter Wasser rechnet man 1–2 Gramm. Einzelheiten für die einzelnen Gemüse siehe Nahrungsmittel von A–Z.

Vorbereiten von Obst

Für das Einfrieren von Obst gibt es verschiedene Möglichkeiten: ohne Zucker, mit Streu- oder Puderzucker oder mit Zuckerlösung. Empfindliche Früchte (z. B. Pfirsiche) werden in einer Zuckerlösung eingefroren (siehe Nahrungsmittel von A–Z). Früchte, die Sie als Kompott, Mus oder in Mixgetränken verwenden wollen, können Sie nach Belieben vor dem Einfrieren leicht zuckern. Die Vitamine werden dadurch etwas besser geschützt. Allerdings sind die Früchte nach dem Auftauen leicht matschig.
Am besten erhalten bleiben die Früchte, wenn sie ungezuckert vorgefroren werden.

1 *Früchte waschen, putzen und mit Küchenkrepp trockentupfen. Nebeneinander, die Früchte sollten sich nicht berühren, auf ein Tablett oder Backblech legen. Für zwei bis drei Stunden in das Gefriergerät stellen.*

2 *Herausnehmen und sofort in Gefrierbeutel verpacken. Verschließen, beschriften und einfrieren.*

Einfrieren und lagern

Bevor Sie Ihr Gefriergerät zum erstenmal benutzen und immer dann, wenn Sie größere Mengen auf einmal einfrieren wollen, müssen Sie Ihr Gefriergerät auf „Super" schalten. Achten Sie in der Gebrauchsanweisung auf die Angabe „Gefriervermögen". Diese Zahl gibt an, wieviel Kilo Lebensmittel innerhalb von 24 Stunden von Zimmertemperatur auf minus 18 Grad abgekühlt werden. Also, niemals mehr als die angegebene Menge einfrieren, sonst wird die Qualität der bereits eingefrorenen Lebensmittel gemindert.
Im Gefriergerät herrscht eine Lagertemperatur von minus 18 Grad Celsius. Sie reicht aus, um Lebensmittel frisch zu halten. Man sollte die Lagerzeit nicht zu lange ausdehnen, denn das mindert die Qualität des Lebensmittels und es ist außerdem unwirtschaftlich. Wenn z. B. noch Obstvorräte aus dem Vorjahr im Gefrierschrank liegen, obgleich die neue Ernte schon angeboten wird, hat sich der ganze Aufwand nicht gelohnt.
Grundsätzlich gilt: Je mehr Fett ein Lebensmittel enthält, desto kürzer ist seine Lagerzeit. Obst und Gemüse halten sich am längsten frisch, fettes Fleisch, Fisch und Milchprodukte am wenigsten lange. Genaue Hinweise, wie lange tiefgekühlte Produkte frisch bleiben, siehe Nahrungsmittel von A–Z.

Einfrieren auf einen Blick

Den richtigen Platz für das Gerät wählen (nicht neben Heizung, Herd oder Geschirrspüler).
Idealer Standort ist ein kühler Keller (Energieeinsparung bis zu 37 %).

Die Temperatur im Gerät muß nicht unter minus 18 Grad liegen.

Das Gerät nicht unnötig lange öffnen.
Nur kalte Lebensmittel einfrieren.
Gefriergut luftdicht verpacken.
Packung beschriften.

Neue Packungen immer in das Vorgefrierfach oder an die kälteste Stelle im Gefriergerät legen.

Beim Einfrieren größerer Mengen das Gerät vorher auf „Super" schalten.

Wenn die Reifschicht im Gefriergerät einen halben Zentimeter dick ist, ist es höchste Zeit das Gerät abzutauen und zu reinigen. Grundsätzlich sollte das mindestens einmal im Jahr geschehen.

So behalten Sie die Übersicht

Verlassen Sie sich nicht auf Ihr Gedächtnis, wenn es um den Vorrat im Gefriergerät geht. Viel verläßlicher ist eine einfache Buchführung. Hier ein paar Vorschläge, die Sie natürlich individuell abwandeln können:

- Bei einem kleinen Vorrat kann es reichen, die Lebensmittel nach Schubladen zu sortieren, z. B. eine für Fleisch, eine für Obst und Gemüse, eine für Brot und Backwaren.
- Bei einem größeren Vorrat genügt diese Methode allein nicht mehr. Sie sollten daher in einem Ringbuch oder Schulheft alle eingefrorenen Lebensmittel auflisten. Wie beim Etikett genügen drei Angaben: Bezeichnung, Menge und Einfrierdatum. Was Sie verbrauchen, streichen Sie. So können Sie von Zeit zu Zeit kontrollieren, wie groß Ihr Vorrat ist und was bald verbraucht werden muß.
- Es gibt auch Magnetkarten und selbsthaftende Etiketten, die Sie direkt am Gerät anbringen können (einige Gerätehersteller liefern sogar eine Lagerkartei mit). Sie werden beschriftet und an den Schubladen, an der Tür oder – bei Truhen – auf dem Deckel befestigt.

Mit dem Gefriergerät umziehen

Ein Umzug wird in der Regel lange geplant. Man sollte sich daher auch bei der Vorratsplanung darauf einstellen und möglichst viel vorher verbrauchen. Das Gerät läßt sich auch leichter transportieren, wenn es nicht bis zum Rand gefüllt ist. Einige Stunden vor dem Umzug auf „Super" stellen, so bleibt für den Transport genügend Kältereserve. Das Gefriergerät sollte als letztes aus der alten Wohnung geholt und als erstes in der neuen aufgestellt und angeschlossen werden. Wenn die Fahrt zum neuen Wohnort länger als zwölf Stunden dauert, sollte man zusätzlich Trockeneis in das Gerät legen.

Wenn der Strom ausfällt ...

besteht kein Grund zur Panik. Sogar nach 24 Stunden ohne Strom haben die Lebensmittel meist noch keinen Schaden genommen. Vorausgesetzt, das Gerät ist geschlossen geblieben und es ist keine Kälte verlorengegangen! Bei Gefriertruhen mit extra starker Isolierung garantieren die Hersteller sogar 48 Stunden Sicherheit für das Gefriergut.

Wenn die rote Lampe aufleuchtet ... oder alle Kontrollampen erlöschen, sollte man, ehe man den Kundendienst anruft, prüfen, ob der Stecker richtig in der Steckdose steckt und ob die Sicherungen in Ordnung sind.

Die rote Lampe leuchtet auf, wenn die Temperatur zu hoch ansteigt. (Bei neueren Geräten gibt es zusätzlich ein akustisches Signal.) Das kann z. B. passieren, wenn man zu viele frische Lebensmittel auf einmal ins Gerät gelegt hat oder wenn die Tür oder der Deckel nicht fest verschlossen war. Tür oder Deckel schließen und auf „Super" stellen, bis die Temperatur wieder gesunken ist.

Wenn beide Möglichkeiten ausgeschlossen sind, den Kundendienst anrufen. Große Firmen haben einen Notdienst, der innerhalb von 24 Stunden und auch am Wochenende hilft.

Wieder einfrieren oder wegwerfen? Den an- oder aufgetauten Inhalt sollte man einer kritischen Prüfung unterziehen. Angetaute Lebensmittel sofort verbrauchen oder verarbeiten. Aufgetautes rohes Gemüse z. B. kann man zubereiten und als Fertiggericht noch einmal einfrieren. Fleisch, Fisch und als Fertiggerichte eingefrorene Speisen sollte man lieber wegwerfen, wenn sie nicht mehr einwandfrei aussehen und riechen. Eine Magenverstimmung ist unangenehmer und teurer als der Verlust von ein paar Lebensmitteln.

Richtig auftauen

Nicht nur die richtige Behandlung vor dem Einfrieren ist für die Qualität der Lebensmittel entscheidend, sondern auch die Behandlung danach: das Auftauen. Einige Lebensmittel tauen sehr schnell auf, einige kann man unaufgetaut verarbeiten, andere brauchen Stunden, bis man sie kochen, braten oder essen kann.

Tiefgefroren können Sie verwenden:

- rohes und blanchiertes Gemüse
- Kräuter
- Beeren für Bowlen und Mixgetränke
- Schnitzel und Steaks bis zu 2 cm Dicke
- Suppenfleisch
- kleinere Fische (z. B. Forelle), die man „blau" zubereitet
- Fertiggerichte im Gefrierkochbeutel

Vollständig auftauen müssen Sie:

- Obst, das als Kompott gegessen wird
- Fleisch, das schwerer als ein Pfund oder dicker als 5 cm ist
- Bratwürste
- Wurstaufschnitt
- ganzes Geflügel
- größere Fische wie Hecht, Karpfen
- Butter, Sahne, Käse
- Gebäck

Je schonender die Speisen aufgetaut werden, desto besser ist die Qualität. Deshalb das Gefriergut rechtzeitig aus dem Gerät holen und im Kühlschrank oder bei Zimmertemperatur auftauen lassen.

2.

Maßgeschneiderte Rezepte für das Einfrieren, Auftauen und Erhitzen mit den verschiedenen Verpackungsmaterialien, vor allem mit den neuen Folien und Gefrierkochbeuteln.

Kartoffel-
Knödel
Dez. 83

Rindergulasch mit Steckrüben (Seite 43). Kartoffelknödel (Seite 31)

Suppeneinlagen und Klöße

Grießklößchen

(Foto Seite 29; für 20 Stück)

1/4 l Milch, 20 g Butter oder Margarine, Salz, 100 g Grieß, 1 Ei.

Milch mit Fett und Salz aufkochen. Grieß unterrühren und einmal aufkochen lassen. Ei unterrühren. Mit zwei Teelöffeln kleine Klößchen abstechen. In siedendes Salzwasser geben und bei kleiner Hitze etwa acht Minuten gar ziehen lassen. Herausnehmen und abtropfen lassen. Abgekühlt portionsweise in Gefrierkochbeuteln verpacken, beschriften und einfrieren.
Lagerzeit: 6 Monate
Zum Essen: Unaufgetaut im Beutel in heißes Wasser geben und 20 Minuten kochen. (Pro Stück ca. 40 Kalorien/167 Joule)
Abwandlungen:
Für Kräuterklößchen ein Bund gehackte Petersilie, Schnittlauch oder Basilikum unter den Grießbrei rühren.
Für Käseklößchen das Fett weglassen. Zum Schluß 100 Gramm geriebenen Emmentaler oder Edamer Käse unterrühren und mit etwas Muskat abschmecken.
Alle salzigen Klößchen in Fleisch- oder Gemüsesuppen (Seite 32 bis Seite 37) servieren.
Für süße Klöße das Salz durch 40 Gramm Zucker und das ausgekratzte Mark einer halben Vanilleschote ersetzen (in Obstsuppen servieren).

Markklößchen

(Foto Seite 29; für 20 Stück)

1 Rindermarkknochen, 80 g Semmelbrösel, 2 Eier, Salz, 1 Bund Petersilie.

Das Rindermark vorsichtig aus dem Knochen lösen und 60 Gramm abwiegen. Unter ständigem Rühren erhitzen und abkühlen lassen. Mit Semmelbrösel, Eiern, Salz und feingehackter Petersilie verkneten und etwa 20 Minuten stehenlassen. Aus der Masse kleine Klöße formen. In siedendes Salzwasser geben und etwa 15 Minuten gar ziehen lassen. Abgekühlt portionsweise in Gefrierkochbeuteln verpacken, beschriften und einfrieren.
Lagerzeit: 3 Monate
Zum Essen: Unaufgetaut im Beutel in heißes Wasser geben und zehn Minuten kochen. (Pro Stück ca. 35 Kalorien/145 Joule)
In Fleischbrühe (Seite 86) servieren

Suppeneinlagen in Brühe

Fleischklößchen

(Foto Seite 29; für etwa 50 Stück)

1 Bund Petersilie, 250 g Hackfleisch, 1 Eßl. Semmelbrösel, 1 Ei, Salz, frisch gemahlener Pfeffer.

Petersilie abspülen, trockentupfen und fein hacken. Das Hackfleisch mit Semmelbrösel, Ei und Petersilie verkneten. Mit Salz und Pfeffer abschmecken. Aus dem Hackteig kleine Klöße formen. In siedendes Salzwasser geben und fünf Minuten gar ziehen lassen. Abgekühlt portionsweise in Gefrierkochbeuteln verpacken, beschriften und einfrieren.

Lagerzeit: 4 Monate

Zum Essen: Unaufgetaut im Beutel in kochendes Wasser geben und 15 Minuten sprudelnd kochen lassen. (Pro Stück ca. 20 Kalorien/84 Joule)

In Brühen oder Tomatensuppe (Seite 90) servieren

Fischklößchen

(für 4 Portionen)

800 g Fischfilet (Seelachs, Kabeljau, Rotbarsch), 1 Zwiebel, 200 ccm Milch, 75 g Butter oder Margarine, 175 g Mehl, 5 Eigelb, 1 Bund Dill, Salz, etwas Zitronensaft.

Fisch abspülen und trockentupfen. Zwiebel abziehen. Fisch und Zwiebel zweimal durch den Fleischwolf geben oder im Mixer pürieren. Milch mit Fett aufkochen. Das Mehl unter Rühren zugeben und weiterrühren, bis sich ein Kloß vom Topfboden löst. Abkühlen lassen. Mit Fischpüree, Eigelb und gehacktem Dill verrühren. Mit Salz und Zitronensaft abschmecken. Aus der Masse acht Klöße (oder entsprechend mehr kleine Klöße als Suppeneinlage) formen. In siedendes Salzwasser geben und etwa 20 Minuten gar ziehen lassen. Herausnehmen und abtropfen lassen. Abkühlen, portionsweise in Gefrierkochbeuteln verpacken, beschriften und einfrieren.

Lagerzeit: 2 Monate

Zum Essen: Unaufgetaut im Beutel in heißes Wasser geben und etwa 15 Minuten kochen lassen. (Pro Portion ca. 380 Kalorien/1590 Joule)

Dazu: Salzkartoffeln und Tomatensoße (Seite 40)

Hefeklöße mit Zwetschen

(für 12 Stück)

500 g Mehl, 1 Päckchen Trockenhefe, 1/2 Teel. Salz, 50 g Zucker, 1 Ei, 50 g Butter oder Margarine, knapp 1/4 l Milch, 300 g Zwetschen (oder Stachelbeeren, Aprikosen, Äpfel);
zum Essen: 100 g Butter.

Mehl, Trockenhefe, Salz und Zucker mischen. Ei, weiches Fett und Milch zugeben und alles mit den Knethaken des Handrührgerätes zu einem geschmeidigen Teig verkneten. Zugedeckt etwa 30 Minuten gehen lassen, bis sich der Teig verdoppelt hat. Zwetschen waschen, trockentupfen, halbieren und entkernen. (Andere Früchte ebenso vorbereiten.) Den Teig nochmals durchkneten und in zwölf Portionen teilen. Zwetschen darauf verteilen und jede Teigportion zu einem Kloß formen. Ein Küchentuch auf den Backofenrost legen und die Klöße daraufgelegen. Nochmals 20 Minuten gehen lassen. Den Rost mit der mit heißem Wasser gefüllten Fettpfanne darunter in den Backofen schieben. Auf 200 Grad/Gas Stufe 3 schalten und 40 Minuten backen. Abkühlen lassen. Portionsweise in Gefrierkochbeuteln verpacken, beschriften und einfrieren.

Lagerzeit: 4 Monate

Zum Essen: Unaufgetaut im Beutel in heißes Wasser geben und 30 Minuten kochen. Mit gebräunter Butter übergießen. (Pro Stück ca. 305 Kalorien/1276 Joule)

Dazu: Vanille- oder Weinschaumsoße

Kartoffelknödel

(Foto Seite 26/27; für 8 Stück)

1 kg Kartoffeln, Salz, 2 Eier, 100 g Kartoffelmehl (oder Speisestärke), 1 Brötchen, 20 g Butter oder Margarine.

Kartoffeln mit Schale in Salzwasser 20 Minuten kochen. Die Schale abziehen. Kartoffeln durch eine Kartoffelpresse geben oder zerdrücken. Mit Eiern, Kartoffelmehl und Salz vermischen. Brötchen würfeln und im heißen Fett anrösten. Aus dem Kartoffelteig acht Klöße formen und mit den Brotwürfeln füllen. Die Klöße in reichlich siedendes Salzwasser geben und 15 Minuten gar ziehen lassen. Herausnehmen und abtropfen lassen. Abgekühlt portionsweise in Gefrierkochbeuteln verpacken, beschriften und einfrieren.

Lagerzeit: 6 Monate

Zum Essen: Unaufgetaut im Beutel in heißes Wasser geben und 25 Minuten kochen. (Pro Stück ca. 190 Kalorien/795 Joule)

Zu gefüllter Ente, Gans (Seite 107), Sauerbraten (Seite 62) oder gefülltem Schweinebraten (Seite 102) servieren

Abwandlung: Den Kartoffelkloßteig mit gehackten Kräutern vermischen.

Eintöpfe und Suppen

Kartoffelsuppe (Grundrezept)

(für 10 Portionen)

1,3 kg Schmorrippen, 2 Bund Suppengrün, 2,5 kg Kartoffeln, 50 g Margarine, 2 l Brühe (Instant), Salz, frisch gemahlener Pfeffer.

Fleisch von den Knochen lösen und in kleine Würfel schneiden. Suppengrün waschen, putzen und kleinschneiden. Kartoffeln schälen und in grobe Würfel schneiden. Fleisch in heißer Margarine anbraten. Suppengrün und Kartoffeln zufügen. Andünsten. Brühe zugießen und mit Salz und Pfeffer würzen. Zugedeckt eine Stunde kochen. Mit Salz und Pfeffer abschmecken, abkühlen lassen und portionsweise in Gefrierkochbeuteln verpacken, beschriften und einfrieren. (Pro Portion ca. 600 Kalorien/2511 Joule)

Abwandlungen: Die Suppe in zwei Portionen teilen. Aus der einen Hälfte des Grundrezeptes wird:

Pürierte Kartoffelsuppe mit Schnittlauch

(für 6 Portionen)

1/2 Menge der Kartoffelsuppe (s. o.), 1/2 l Milch, 1 Becher Schmand (250 g; ersatzweise Schlagsahne), 3 Bund Schnittlauch, Salz, frisch gemahlener Pfeffer.

Kartoffelsuppe im Mixer oder mit dem Pürierstab des Handrührgerätes pürieren. Milch und Schmand unterrühren. Schnittlauch waschen und in Röllchen schneiden. Zufügen. Die Suppe mit Salz und Pfeffer abschmecken. Abkühlen lassen und portionsweise in Gefrierkochbeuteln verpacken. Beschriften und einfrieren. (Pro Portion ca. 690 Kalorien/2888 Joule)

Aus der anderen Hälfte des Grundrezeptes wird:

Kartoffelsuppe mit Speck und Zwiebeln

(für 6 Portionen)

150 g durchwachsener Speck, 100 g Zwiebeln, 1/2 Menge der Kartoffelsuppe (s. o.), Chilipulver, 1 Eßl. Edelsüß-Paprika, Salz, frisch gemahlener Pfeffer.

Speck würfeln. Zwiebeln abziehen, halbieren und in Scheiben schneiden. Speck in einem Topf auslassen. Zwiebeln zufügen und andünsten. Kartoffelsuppe zufügen. Mit Chili, Paprika, Salz und Pfeffer abschmecken. Abkühlen lassen und portionsweise in Gefrierkochbeuteln verpacken. Beschriften und einfrieren. (Pro Portion ca. 670 Kalorien/2804 Joule)

Lagerzeit: 3 Monate

Zum Essen: Unaufgetaut im Beutel in heißes Wasser geben und bei kleiner Hitze 30 Minuten kochen.

Erbsensuppe

(für 6 Portionen)

300 g ungeschälte Erbsen, 200 g geschälte Erbsen, 1 Schinkenknochen (etwa 1 kg), 1 Stück Schweineschwarte (etwa 250 g), 1 Zweig Majoran (ersatzweise 1 Teel. getrockneter), 3 Lorbeerblätter, 1 Bund Suppengrün, 250 g Möhren, 500 g Kartoffeln, 500 g Kasseler, Salz, frisch gemahlener Pfeffer.

Beide Erbsensorten über Nacht in dreieinhalb Liter kaltem Wasser einweichen. Schinkenknochen, Schwarte, Majoran und Lorbeerblätter zufügen und im geschlossenen Topf bei kleiner Hitze 30 Minuten kochen. Suppengrün putzen, waschen und in Stücke schneiden. Möhren schälen und in Scheiben schneiden. Kartoffeln schälen und in Würfel schneiden. Das Gemüse zur Suppe geben und 45 Minuten mitkochen. Kasseler in mundgerechte Stücke schneiden. Zufügen und weitere 15 Minuten kochen. Schinkenknochen, Schwarte und Lorbeerblätter aus der Suppe nehmen. Das Fleisch vom Schinkenknochen ablösen und kleinschneiden. Wieder zur Suppe geben. Mit Salz und Pfeffer abschmekken. Abkühlen lassen und portionsweise in Gefrierkochbeuteln verpacken, beschriften und einfrieren.

Lagerzeit: 3 Monate

Zum Essen: Unaufgetaut im Beutel in heißes Wasser geben und 30 Minuten kochen.

(Pro Portion ca. 690 Kalorien/2846 Joule)

Rosenkohleintopf mit Hackfleisch

(für 6 Portionen)

1 kg Rosenkohl, 3 Zwiebeln, 2 Knoblauchzehen, 500 g Hackfleisch, 2 Eßl. Öl, Salz, 1 Eßl. Edelsüß-Paprika, frisch gemahlener Pfeffer, 1 große Dose Tomaten, 1/2 l Brühe (Instant), 1 Becher saure Sahne (200 g), gemahlener Kümmel.

Rosenkohl putzen und waschen. Zwiebeln und Knoblauch abziehen. Zwiebeln halbieren und in Scheiben schneiden. Hackfleisch in Öl krümelig anbraten. Zwiebeln und zerdrückten Knoblauch zufügen. Mit Salz, Paprika und Pfeffer würzen. Tomaten mit der Flüssigkeit und den Rosenkohl zufügen. Andünsten. Brühe zugießen und im geschlossenen Topf 15 Minuten kochen. Saure Sahne zufügen und den Eintopf mit Salz, Pfeffer und Kümmel abschmecken. Abkühlen lassen und portionsweise in Gefrierkochbeuteln verpakken, beschriften und einfrieren.

Lagerzeit: 3 Monate

Zum Essen: Unaufgetaut im Beutel in heißes Wasser geben und bei kleiner Hitze 30 Minuten kochen. (Pro Portion ca. 440 Kalorien/1842 Joule)

Hühnersuppe mit Gemüse

Hühnersuppe mit Gemüse

(Foto Seite 34; für 5 Portionen)

1 küchenfertiges Suppenhuhn (etwa 1,4 kg), 1 Bund Suppengrün, 2 Zwiebeln, Salz, 1 Eßl. Pfefferkörner, 1 Lorbeerblatt, 500 g Möhren, 1 kleiner Blumenkohl, 2 Porreestangen, frisch gemahlener Pfeffer;
zum Essen: 100 g Langkornreis, Salz.

Suppenhuhn abspülen und in einen Topf geben. Suppengrün putzen, waschen und grob zerkleinern. Zusammen mit abgezogenen Zwiebeln, Salz, Pfefferkörnern, Lorbeerblatt und zwei Liter Wasser zufügen. Zwei Stunden bei kleiner Hitze kochen. Inzwischen Möhren putzen, waschen und in Stifte schneiden. Blumenkohl waschen und in Röschen teilen. Porree putzen, waschen und in Ringe schneiden. Huhn aus der Brühe nehmen. Brühe durchsieben. Mit Wasser wieder auf zwei Liter auffüllen. Möhren 20 Minuten in der Brühe kochen. Nach zehn Minuten Blumenkohl und Porree zufügen. Hühnerfleisch von Haut und Knochen lösen und zur Suppe geben. Mit Salz und Pfeffer abschmecken. Abkühlen lassen und portionsweise in Gefrierkochbeuteln verpacken, beschriften und einfrieren.

Lagerzeit: 3 Monate

Zum Essen: Unaufgetaut im Beutel in heißes Wasser geben und bei kleiner Hitze 30 Minuten kochen. Reis in Salzwasser kochen und in die Suppe geben. (Pro Portion ca. 710 Kalorien/ 2972 Joule)

Möhrensuppe

(für 6 Portionen)

200 g Zwiebeln, 1 kg Möhren, 400 g Kartoffeln, 40 g Butter oder Margarine, 1 1/4 l Brühe (Instant), 300 g Bratenreste oder gekochter Schinken, Salz, frisch gemahlener Pfeffer.

Zwiebeln abziehen und in Würfel schneiden. Möhren putzen, waschen und in Stücke schneiden. Kartoffeln schälen und in Würfel schneiden. Zwiebelwürfel in heißem Fett glasig dünsten. Möhren und Kartoffeln zufügen und ebenfalls andünsten. Brühe zugießen und zugedeckt 25 Minuten kochen. Die Hälfte der Suppe mit dem Pürierstab des Handrührgerätes pürieren oder im Mixer zerkleinern. Zur restlichen Suppe geben und verrühren. Bratenreste würfeln und unterrühren. Mit Salz und Pfeffer abschmecken. Abkühlen lassen und portionsweise in Gefrierkochbeuteln verpacken, beschriften und einfrieren.

Lagerzeit: 3 Monate

Zum Essen: Unaufgetaut im Beutel in heißes Wasser geben und bei kleiner Hitze 30 Minuten kochen. (Pro Portion ca. 310 Kalorien/ 1298 Joule)

In der Suppe Käseklöße (Seite 28) servieren

Rindfleischeintopf mit Bohnen

(für 5 Portionen)

1 kg Rinderbrust, 2 Markknochen, Salz, 1 Bund Suppengrün, 10 Pfefferkörner, 2 Lorbeerblätter, 1 kg grüne Bohnen, 500 g Kartoffeln, 1 Zweig Bohnenkraut, 2 Bund Petersilie, frisch gemahlener Pfeffer.

Rinderbrust und Markknochen in einen großen Topf geben. Zwei Liter Salzwasser, geputztes, grob zerkleinertes Suppengrün, Pfefferkörner und Lorbeerblätter zufügen. Zum Kochen bringen. Bei kleiner Hitze zwei Stunden kochen. Brühe durch ein Sieb gießen. Eventuell mit Wasser auf eineinhalb Liter auffüllen. Bohnen waschen, putzen und halbieren. Kartoffeln schälen und in kleine Würfel schneiden. Bohnen, Kartoffeln und Bohnenkraut 30 Minuten in der Brühe garen. Rindfleisch vom Knochen lösen und kleinschneiden, dabei Fett entfernen. Fleisch und gehackte Petersilie zufügen. Mit Salz und Pfeffer abschmecken. Den Eintopf abkühlen lassen und portionsweise in Gefrierkochbeuteln verpacken, beschriften und einfrieren.

Lagerzeit: 3 Monate

Zum Essen: Unaufgetaut im Beutel in heißes Wasser geben und 30 Minuten bei kleiner Hitze kochen. (Pro Portion ca. 610 Kalorien/2553 Joule)

Fleischeintopf Pichelsteiner Art

(für 5 Portionen)

Je 250 g Rind-, Schweine- und Lammfleisch ohne Knochen, 200 g durchwachsener Speck, 4 Eßl. Öl, Salz, frisch gemahlener Pfeffer, 2 Bund Suppengrün, 250 g Möhren, 250 g grüne Bohnen (ersatzweise Weißkohl), 300 g Zwiebeln, 500 g Kartoffeln, 3/4 l Brühe (Instant), 3 Lorbeerblätter, 2 Bund Petersilie.

Fleisch in Würfel schneiden. Speck fein würfeln und bei kleiner Hitze langsam in Öl ausbraten. Fleischwürfel in mehreren Portionen in dem Fett leicht anbraten. Salzen und pfeffern. Suppengrün putzen, waschen und in grobe Stücke schneiden. Möhren putzen, waschen und in Scheiben schneiden. Bohnen putzen, waschen und halbieren. Zwiebeln abziehen und vierteln. Kartoffeln schälen und würfeln. Suppengrün und Brühe zum Fleisch geben. Lorbeerblätter ebenfalls zufügen und im geschlossenen Topf 20 Minuten schmoren. Restliches Gemüse zufügen und weitere 40 Minuten schmoren. Petersilie waschen und hacken. Unter das Fleisch rühren. Mit Salz und Pfeffer abschmecken. Abkühlen lassen und portionsweise in Gefrierkochbeuteln verpacken, beschriften und einfrieren.

Lagerzeit: 3 Monate

Zum Essen: Unaufgetaut im Beutel in heißes Wasser geben und bei kleiner Hitze 40 Minuten kochen. (Pro Portion ca. 860 Kalorien/3599 Joule)

Kichererbseneintopf mit Hackfleisch

(für 4 Portionen)

200 g Kichererbsen, 250 g Zwiebeln, 3 Knoblauchzehen, 500 g Hackfleisch, 3 Eßl. Öl, 1/2 Teel. Tabasco, 1 Eßl. Curry, 1 Eßl. Instant-Brühe, 500 g Möhren, Salz, 1 Bund Petersilie; zum Essen: 1 Becher saure Sahne (200 g), 1 Teel. Curry.

Kichererbsen über Nacht in einem Liter Wasser einweichen. Zwiebeln und Knoblauch abziehen. Zwiebeln in Würfel schneiden. Knoblauch zerdrücken. Hackfleisch in heißem Öl krümelig braun anbraten. Zwiebeln und Knoblauch zufügen. Mit Tabasco, Curry und Brühe würzen. Kichererbsen mit der Einweichflüssigkeit zufügen. Im geschlossenen Topf 45 Minuten kochen. Möhren schälen und in Scheiben schneiden. Zufügen und weitere 20 Minuten kochen. Mit Salz abschmecken. Gewaschene Petersilie hacken und unterrühren. Abkühlen lassen und portionsweise in Gefrierkochbeuteln verpacken, beschriften und einfrieren.

Lagerzeit: 3 Monate

Zum Essen: Unaufgetaut im Beutel in heißes Wasser geben und bei kleiner Hitze 30 Minuten kochen. Saure Sahne mit Curry verrühren. Auf jede Portion einen Eßlöffel Curry-Sahne geben. (Pro Portion ca. 800 Kalorien/3348 Joule)

Bohneneintopf mit Rindfleisch

(für 5 Portionen)

300 g getrocknete weiße Bohnen, 1 Stück Sellerieknolle (300 g), 1 Zwiebel, 10 Nelken, 1 kg Hochrippe, Salz, 200 g durchwachsener Speck, 2 Porreestangen, 2 Bund Petersilie, frisch gemahlener Pfeffer, 1 Teel. Senf.

Bohnen über Nacht in eineinhalb Liter Wasser einweichen. Sellerie schälen und in Stücke schneiden. Zwiebel abziehen und mit Nelken spicken. Hochrippe, Sellerie und Zwiebel zufügen. Salzen. Im geschlossenen Topf eineinhalb Stunden kochen. Speck in Würfel schneiden. Porree putzen, waschen und in Ringe schneiden. Speck in einer Pfanne bei kleiner Hitze ausbraten. Porree zufügen und darin andünsten. Beides zur Suppe geben. Hochrippe herausnehmen. Fleisch vom Knochen lösen und kleinschneiden, Fett entfernen. Petersilie waschen und hacken. Zusammen mit dem Fleisch zur Suppe geben. Eventuell noch etwas Wasser zufügen. Mit Salz, Pfeffer und Senf abschmecken. Zwiebel entfernen. Eintopf abkühlen lassen und portionsweise in Gefrierkochbeuteln verpacken, beschriften und einfrieren.

Lagerzeit: 3 Monate

Zum Essen: Unaufgetaut im Beutel in heißes Wasser geben und bei kleiner Hitze 30 Minuten kochen. (Pro Portion ca. 900 Kalorien/3767 Joule)

Soßen

Helle Soße mit Abwandlungen

(Foto Seite 38/39; Grundrezept für 3 Portionen)

40 g Butter oder Margarine, 30 g Mehl, 1/2 l Brühe (Instant; oder je 1/4 l Brühe und Milch), Salz.

Das Fett erhitzen. Mehl zufügen und andünsten. Brühe nach und nach unter ständigem Rühren zugießen. Aufkochen lassen. Mit Salz abschmecken. Abgekühlt portionsweise in Gefrierkochbeuteln verpacken, beschriften und einfrieren. (Pro Portion ca. 150 Kalorien/627 Joule)

Für Senfsoße drei Eßlöffel milden Senf unter die Grundsoße rühren. (Pro Portion ca. 170 Kalorien/710 Joule)

Zu Fischfrikadellen (Seite 97) servieren

Für Meerrettichsoße drei Teelöffel geriebenen Meerrettich aus dem Glas unterrühren. Mit Salz, Pfeffer, einer Prise Zucker und Zitronensaft abschmecken. (Pro Portion ca. 170 Kalorien/710 Joule)

Zu warmem Rinderbraten (Seite 102) servieren

Senfsoße

Kräutersoße (Seite 40)

Tomatensoße (Seite 40)

Kapernsoße (Seite 40)

Flüssigkeit im Beutel verpacken

Suppen, Soßen, Eintöpfe und Ragouts lassen sich so am besten einfüllen: Den Beutel in ein Litermaß oder eine Kunststoffdose stellen, Gericht einfüllen und Beutel fest verschließen.

Für Kapernsoße eine Dose Kapern (50 g) mit Flüssigkeit unter die Grundsoße rühren. Mit Salz und Pfeffer abschmecken. (Pro Portion ca. 160 Kalorien/670 Joule)
Zu Fischhackbraten (Seite 98) oder Fischfrikadellen (Seite 97) servieren
Für Kräutersoße je ein Bund Petersilie, Schnittlauch und Dill waschen und hacken. Zwei Knoblauchzehen abziehen und zerdrücken. Kräuter und Knoblauch unter die Grundsoße rühren und mit Salz und Pfeffer abschmecken. (Pro Portion ca. 160 Kalorien/670 Joule)
Zu hartgekochten Eiern servieren
Für Tomatensoße eine Tube Tomatenmark (100 g), 100 Kubikzentimeter Milch und einen Teelöffel Edelsüß-Paprika unter die Grundsoße rühren. Mit Salz, Pfeffer und einer Prise Zucker abschmecken. (Pro Portion ca. 190 Kalorien/795 Joule)
Zu Knoblauchhackbällchen (Seite 112), Fischklößen (Seite 30) oder zu Fischspießen (Seite 97) servieren
Für Käsesoße vier Eßlöffel geriebenen Käse (Gouda, Chester oder Emmentaler) unter die Grundsoße rühren. Mit Muskatnuß abschmekken. (Pro Portion ca. 220 Kalorien/921 Joule)
Zu Möhrenhackbällchen (Seite 112) oder Hackbraten mit Spinatfüllung (Seite 111) servieren
Lagerzeit: 6 Monate
Zum Essen: Unaufgetaut im Beutel in heißes Wasser geben und bei kleiner Hitze 15 Minuten kochen.

Hackfleisch-Tomatensoße

(für 6 Portionen)

1 kg Hackfleisch, 2 Eßl. Öl, 3 Knoblauchzehen, 250 g Zwiebeln, 1 große Dose Tomaten, 1 Dose Tomatenmark (70 g), Salz, frisch gemahlener Pfeffer, 2 Teel. Instant-Brühe, 1 Bund Petersilie.

Hackfleisch in Öl braun anbraten. Knoblauchzehen und Zwiebeln abziehen. Zwiebelwürfel und zerdrückten Knoblauch zum Hackfleisch geben und mit andünsten. Tomaten mit Flüssigkeit und Tomatenmark zufügen. Mit Salz, Pfeffer und Brühe würzen. Zugedeckt zehn Minuten schmoren. Petersilie waschen und hacken. Unterrühren. Die Soße mit Salz und Pfeffer abschmecken. Abkühlen lassen. Portionsweise in Gefrierkochbeuteln verpacken, beschriften und einfrieren.
Lagerzeit: 3 Monate
Zum Essen: Unaufgetaut im Beutel in heißes Wasser legen und bei kleiner Hitze 20 Minuten kochen. (Pro Portion ca. 610 Kalorien/2553 Joule)
Zu Nudeln oder Reis servieren

Champignon-Sahnesoße

(für 2 Portionen)

150 g Champignons, 1 Fleischtomate, 20 g Butter oder Margarine, 1 Becher Schlagsahne (250 g), 2 Stiele Petersilie, Salz, frisch gemahlener Pfeffer.

Champignons putzen, waschen und in Scheiben schneiden. Tomate mit kochendem Wasser übergießen, abziehen, entkernen und kleinschneiden. Champignons in heißem Fett andünsten, bis die Flüssigkeit verdampft ist. Sahne zugießen und fünf Minuten im offenen Topf kochen. Petersilie waschen, trockentupfen und hacken. Zusammen mit der Tomate zufügen. Die Soße mit Salz und Pfeffer abschmecken. Abkühlen lassen. In Gefrierkochbeuteln verpacken, beschriften und einfrieren.

Lagerzeit: 3 Monate

Zum Essen: Unaufgetaut im Beutel in heißes Wasser legen und bei kleiner Hitze 20 Minuten kochen. (Pro Portion ca. 510 Kalorien/2134 Joule)

Zu Spaghetti oder Reis servieren

Schinken-Sahnesoße

(für 2 Portionen)

250 g gekochter Schinken, 1 Stiel Salbei, 1 Becher Schlagsahne (250 g), frisch gemahlener Pfeffer, Salz.

Schinken würfeln. Ohne Fett in einer Pfanne bei kleiner Hitze anbraten. Salbei abspülen und kleinschneiden. Zufügen. Sahne zugießen und fünf Minuten kochen. Die Soße mit reichlich Pfeffer und wenig Salz abschmecken. Abkühlen lassen. In Gefrierkochbeuteln verpacken, beschriften und einfrieren.

Lagerzeit: 3 Monate

Zum Essen: Unaufgetaut im Beutel in heißes Wasser geben und 20 Minuten bei kleiner Hitze kochen lassen. (Pro Portion ca. 720 Kalorien/3097 Joule)

Zu Spaghetti oder Reis servieren

Achtung!

Niemals Gerichte zum Einfrieren mit Speisestärke binden, die Flüssigkeit trennt sich.

Fleischgerichte mit Soße

Rinderrouladen mit Speck und Zwiebeln

(für 4 Portionen)

4 Scheiben Rouladen, Salz, frisch gemahlener Pfeffer, 1 Eßl. Senf, 75 g fetter Speck, 1 Gewürzgurke, 2 Zwiebeln, 3 Eßl. Öl, 1 Becher saure Sahne (150 g), 1 Eßl. Mehl.

Rouladen mit Salz und Pfeffer bestreuen und mit Senf bestreichen. Speck, Gurke und abgezogene Zwiebeln grob würfeln. Die Rouladenscheiben damit belegen und aufrollen. Mit Holzspießchen zusammenstecken. In heißem Öl rundherum anbraten. Einen Achtelliter Wasser zugießen. Im geschlossenen Topf eine Stunde 30 Minuten schmoren. Rouladen herausnehmen. Sahne zum Schmorsud geben. Aufkochen lassen und mit angerührtem Mehl andicken. Mit Salz und Pfeffer abschmecken. Die Rouladen und Soße abkühlen lassen. Portionsweise in Gefrierkochbeuteln verpacken, beschriften und einfrieren.
Lagerzeit: 3 Monate
Zum Essen: Unaufgetaut im Beutel in heißes Wasser geben und 45 Minuten kochen lassen. (Pro Portion ca. 700 Kalorien/2930 Joule)
Zu Makkaroni oder Salzkartoffeln und Rosenkohlgemüse mit Speck (Seite 53) oder glasierten Rübchen (Seite 53) servieren

Abwandlungen:
Die Rinderrouladen mit nachfolgenden Füllungen zubereiten:

... mit Schafkäse

2 Knoblauchzehen, Salz, Edelsüß-Paprika, 200 g Schafkäse, 1 Zweig Rosmarin, etwas Zitronensaft.

Die Rouladen mit zerdrücktem Knoblauch bestreichen und mit Salz und Paprika bestreuen. Mit zerbröckeltem Schafkäse und gehackten Rosmarinnadeln belegen. Aufrollen und weiterverarbeiten wie oben beschrieben.
Die Soße mit Zitronensaft und Salz abschmecken. (Pro Portion ca. 490 Kalorien/2051 Joule)

... mit Champignons

4 Scheiben Frühstücksspeck (Bacon), frisch gemahlener Pfeffer, 150 g Champignons, 1 Zwiebel, 1 Bund Petersilie, 1 Becher Crème fraîche (200 g), 1/8 l Rotwein (ersatzweise Brühe).

Rouladen mit Speck belegen und mit Pfeffer bestreuen. Geputzte Champignons und abgezogene Zwiebel würfeln. Mit gehackter Petersilie und einem Eßlöffel Crème fraîche verrühren und die Rouladen damit bestreichen. Aufrollen und weiterverarbeiten wie oben beschrieben. Statt mit Wasser mit Rotwein auffüllen. Nach Ende der Garzeit restliche Crème fraîche zum Schmorsud geben und die Soße mit Salz abschmecken. (Pro Portion ca. 625 Kalorien/2616 Joule)

... mit Schnittlauch

1 Eßl. Tomatenmark, Salz, frisch gemahlener Pfeffer, 2 Bund Schnittlauch, 1/8 l Weißwein (ersatzweise Brühe), 1 Becher Schlagsahne (200 g).

Rouladen mit Tomatenmark bestreichen und mit Salz und Pfeffer bestreuen. Mit geschnittenem Schnittlauch belegen. Aufrollen und weiterverarbeiten wie oben beschrieben. Statt mit Wasser mit Wein auffüllen. Nach Ende der Garzeit Schlagsahne zum Schmorsud geben und die Soße abschmecken. (Pro Portion ca. 570 Kalorien/2386 Joule)

Es geht auch ohne Kochbeutel

Gebundene Suppen, Soßen und Ragouts, die nicht im Gefrierkochbeutel verpackt sind, erhitzen Sie am besten in der Gefrierdose oder in einer Schüssel im Wasserbad. Dabei ab und zu umrühren.

Rindergulasch mit Steckrüben

(Foto Seite 26/27; für 4 Portionen)

50 g durchwachsener Speck, 2 Eßl. Öl, 750 g Rindergulasch, 3 Zwiebeln, 2 Eßl. Senf, frisch gemahlener Pfeffer, Salz, 1 Eßl. Edelsüß-Paprika, 2 Lorbeerblätter, 1/8 l Weißwein (ersatzweise Brühe), 1 Steckrübe (etwa 500 g);
zum Essen: 1 Becher saure Sahne (150 g).

Speck würfeln und in heißem Öl langsam ausbraten. Fleisch trockentupfen und in zwei bis drei Portionen in dem Fett braun anbraten. Zwiebeln abziehen und vierteln. Zufügen. Alles mit Senf, Pfeffer, Salz, Paprika und Lorbeer würzen. Wein zugießen und im geschlossenen Topf 40 Minuten schmoren. Inzwischen Steckrübe schälen und in kleine Würfel schneiden. Zufügen. Einen Viertelliter Wasser zugießen. Weitere 20 Minuten schmoren. Das Gulasch mit Salz, Pfeffer und Paprika abschmecken. Abkühlen lassen. Portionsweise in Gefrierkochbeuteln verpacken, beschriften und einfrieren.

Lagerzeit: 3 Monate

Zum Essen: Unaufgetaut im Beutel in heißes Wasser geben und 40 Minuten bei kleiner Hitze kochen. Zum Servieren auf jede Portion einen Eßlöffel saure Sahne geben. (Pro Portion ca. 460 Kalorien/1925 Joule)

Dazu: Kartoffelknödel (Seite 31)

Frisch zubereitet

Im Gefrierkochbeutel

Paprikagulasch

(Fotos Seite 44/45; für 3 Portionen)

600 g grüne Paprikaschoten, 500 g Gulasch, 3 Knoblauchzehen, 2 Eßl. Öl, Salz, frisch gemahlener Pfeffer, 1 Eßl. Edelsüß-Paprika, 1/4 l Rotwein (ersatzweise Brühe und etwas Zitronensaft).

Paprikaschoten putzen, waschen und in Stücke schneiden. Gulasch und zerdrückten Knoblauch in heißem Öl rundherum anbraten. Paprikaschoten zugeben und kurz mit andünsten. Mit Salz, Pfeffer und Paprika würzen. Rotwein zugießen und alles im geschlossenen Topf eine Stunde 30 Minuten schmoren. Abschmecken und abkühlen lassen. Portionsweise in Gefrierkochbeuteln verpacken, beschriften und einfrieren.

Lagerzeit: 3 Monate

Zum Essen: Unaufgetaut im Beutel in heißes Wasser geben und 40 Minuten kochen. (Pro Portion ca. 780 Kalorien/3265 Joule)

Dazu: Salzkartoffeln

Gefrierkochbeutel sicher verschließen

Für Gerichte, die später im Gefrierkochbeutel erwärmt werden, verschließen Sie den Beutel am besten mit einem elektrischen Folienschweißgerät.

Paprikagulasch mit Bandnudeln

Gulasch mit Zwiebeln

(für 3 Portionen)

1 Gemüsezwiebel (350 g), 500 g Gulasch, 2 Eßl. Öl, Salz, frisch gemahlener Pfeffer, 1 Lorbeerblatt, 1/2 Becher Crème fraîche (100 g).

Zwiebel abziehen und in Ringe schneiden. Das Gulasch in heißem Öl rundherum anbraten. Zwiebelringe zugeben und hellbraun anbraten. Mit Salz, Pfeffer und Lorbeerblatt würzen. Crème fraîche und 100 Kubikzentimeter Wasser zugeben und alles im geschlossenen Topf bei kleiner Hitze eine Stunde 30 Minuten schmoren. Abschmecken und abkühlen lassen. Portionsweise in Gefrierkochbeuteln verpacken, beschriften und einfrieren.

Lagerzeit: 3 Monate

Zum Essen: Unaufgetaut im Beutel in heißes Wasser geben und 40 Minuten kochen. (Pro Portion ca. 830 Kalorien/3474 Joule)

Dazu: Reis

Aufgetaut geht's schneller

Im Gefrierkochbeutel aufgetaute Gerichte sind in der Hälfte der angegebenen Zeit heiß. Das spart Energie!

Schweinefleischragout mit getrockneten Aprikosen

(Foto Seite 47; für 6 Portionen)

1 kg Schweinenacken ohne Knochen, 2 Zwiebeln, 3 Eßl. Öl, Salz, Cayennepfeffer, 200 ccm Weißwein (ersatzweise Brühe und etwas Zitronensaft), 200 g getrocknete Aprikosen, 2 Eßl. Pinienkerne, 1/2 Becher Schlagsahne (100 g), 1 Bund Petersilie.

Fleisch und abgezogene Zwiebeln würfeln. Das Fleisch in heißem Öl portionsweise braun anbraten. Herausnehmen. Zwiebeln im Bratfett glasig dünsten. Fleisch zugeben und mit Salz und etwas Cayennepfeffer würzen. Weißwein und Aprikosen zugeben. Im geschlossenen Topf bei kleiner Hitze eine Stunde 20 Minuten schmoren. Pinienkerne und Sahne zugeben und noch 15 Minuten weiterschmoren. Das Ragout mit Salz und Cayennepfeffer abschmecken. Gehackte Petersilie unterrühren und abkühlen lassen. Portionsweise in Gefrierkochbeuteln verpacken, beschriften und einfrieren.

Lagerzeit: 3 Monate

Zum Essen: Unaufgetaut im Beutel in heißes Wasser geben und 40 Minuten kochen lassen. (Pro Portion ca. 800 Kalorien/3348 Joule)

Dazu: Reis

Schweinefleischragout mit getrockneten Aprikosen

Lammragout mit Tomaten

(für 5 Portionen)

1 kg Lammschulter ohne Knochen, 250 g Zwiebeln, 3 Knoblauchzehen, 3 Eßl. Öl, Salz, 1 Zweig Thymian, 1/4 l Brühe (Instant), 1/2 Zitrone, 500 g Tomaten, frisch gemahlener Pfeffer.

Das Fleisch in Würfel schneiden. Zwiebeln und Knoblauch abziehen. Zwiebeln vierteln. Fleisch in heißem Öl portionsweise anbraten. Herausnehmen. Zwiebeln und zerdrückten Knoblauch im Bratfett glasig dünsten. Fleisch zugeben. Mit Salz und Thymianblättern würzen. Brühe und Zitronensaft zugießen. Im geschlossenen Topf eine Stunde 30 Minuten schmoren. Tomaten überbrühen, abziehen und vierteln. Zum Fleisch geben und noch zehn Minuten weitergaren. Mit Salz und Pfeffer abschmecken. Abkühlen lassen. Portionsweise in Gefrierkochbeuteln verpacken, beschriften und einfrieren.

Lagerzeit: 3 Monate

Zum Essen: Unaufgetaut im Beutel in heißes Wasser geben und 40 Minuten kochen. (Pro Portion ca. 630 Kalorien/2637 Joule)

Dazu: Reis und Salat

Putenragout mit Chicorée

(für 4 Portionen)

750 g Putenschnitzel, 1 Orange, 4 Kolben Chicorée, 2 Eßl. Öl, Salz, frisch gemahlener Pfeffer, 1 Eßl. Mehl, je 100 ccm Weißwein und Brühe (Instant; ersatzweise 200 ccm Brühe).

Putenschnitzel in Würfel schneiden. Mit Orangensaft beträufeln und zehn Minuten stehenlassen. Chicorée waschen und den bitteren Kern herausschneiden. Chicorée in Ringe schneiden. Fleisch abtropfen lassen und in heißem Öl rundherum braun braten. Mit Salz und Pfeffer würzen. Mit Mehl bestäuben. Wein und Brühe zugießen und im geschlossenen Topf 20 Minuten schmoren. Chicorée zugeben und noch fünf Minuten weiterschmoren. Abschmecken und abkühlen lassen. Portionsweise in Gefrierkochbeuteln verpacken, beschriften und einfrieren.

Lagerzeit: 3 Monate

Zum Essen: Unaufgetaut im Beutel in heißes Wasser geben und 40 Minuten kochen lassen. (Pro Portion ca. 340 Kalorien/1423 Joule)

Dazu: Salzkartoffeln oder Reis

Königsberger Klopse

(für 4 Portionen)

1 Brötchen, 1 Zwiebel, 750 g Hackfleisch, 1 Ei, Salz, frisch gemahlener Pfeffer, 40 g Mehl, 30 g Butter oder Margarine, 1 Röhrchen Kapern (20 g), etwas Zitronensaft.

Brötchen in Wasser einweichen. Zwiebel abziehen und fein würfeln. Hackfleisch mit ausgedrücktem Brötchen, Ei, Zwiebelwürfeln, Salz und Pfeffer vermischen. Aus dem Hackteig acht Klöße formen. In siedendes Salzwasser geben und in 20 Minuten gar ziehen lassen. Für die Soße das Mehl in zerlassenem Fett andünsten. Nach und nach einen halben Liter Kochwasser von den Klößen zugießen. Fünf Minuten bei kleiner Hitze kochen lassen. Die abgetropften Kapern grob hacken und unterrühren. Die Soße mit Salz, Pfeffer und Zitronensaft abschmecken. Klöße mit Soße portionsweise in Gefrierkochbeuteln verpacken, beschriften und einfrieren.

Lagerzeit: 3 Monate

Zum Essen: Unaufgetaut im Beutel in heißes Wasser geben und 40 Minuten kochen lassen. (Pro Portion ca. 750 Kalorien/3139 Joule)

Dazu: Reis

Hühnerfrikassee

(für 4 Portionen)

1 küchenfertige Poularde (etwa 1,4 kg), 1 Bund Suppengrün, 1/2 l Weißwein (ersatzweise Wasser), 1 Teel. Koriander, 1 Teel. getrockneter Majoran, Salz, 40 g Butter oder Margarine, 50 g Mehl, 2 Eßl. Schlagsahne, 2 Eigelb, 1 Eßl. Sojasoße, 1 Prise Zucker.

Poularde abspülen und in einen Topf geben. Suppengrün putzen, waschen und grob zerkleinern. Wein, einen halben Liter Wasser, Suppengrün, Koriander, Majoran und Salz zur Poularde geben. Eine Stunde bei mittlerer Hitze im geschlossenen Topf kochen. Poularde herausnehmen. Brühe durch ein Sieb gießen. Mit Wasser auf einen dreiviertel Liter auffüllen. Poulardenfleisch von Haut und Knochen lösen und in mundgerechte Stücke teilen. Fett erhitzen und das Mehl darin andünsten. Brühe nach und nach unter Rühren zugießen. Fünf Minuten kochen lassen. Fleisch unterrühren. Von der Soße vier Eßlöffel abnehmen und mit Sahne und Eigelb verrühren. Wieder zufügen. Nicht mehr kochen lassen. Mit Sojasoße, Salz und Zucker abschmecken. Abkühlen lassen und portionsweise in Gefrierkochbeuteln verpacken, beschriften und einfrieren.

Lagerzeit: 3 Monate

Zum Essen: Unaufgetaut im Beutel in heißes Wasser geben und bei kleiner Hitze 25 Minuten kochen. (Pro Portion ca. 680 Kalorien/ 2846 Joule)

Dazu: Reis oder Salzkartoffeln

Kohlrabi in Sahne

Gemüsebeilagen

Kohlrabi in Sahne

(Foto Seite 50; für 4 Portionen)

1,5 kg Kohlrabi, knapp 1/2 l Brühe (Instant), 1 Becher Schlagsahne (200 g), 1 Zweig Dill, Salz.

Kohlrabi schälen und in Stifte schneiden. In Brühe zwölf Minuten im offenen Topf kochen. Auf einem Sieb abgießen, das Kochwasser dabei auffangen. Sahne und 100 Kubikzentimeter Kohlrabiwasser in einem Topf fünf Minuten sprudelnd kochen. Kohlrabi und Dill zufügen und darin schwenken. Mit Salz abschmecken. Abkühlen lassen und portionsweise in Gefrierkochbeuteln verpacken, beschriften und einfrieren.

Lagerzeit: 4 Monate

Zum Essen: Unaufgetaut im Beutel in heißes Wasser geben und bei kleiner Hitze 25 Minuten kochen. (Pro Portion ca. 240 Kalorien/1004 Joule)

Zu Riesenroulade (Seite 104) oder geschmorter Hochrippe (Seite 100) servieren

Sahnelinsen

(für 4 Portionen)

40 g Butter oder Margarine, 250 g Linsen, 1 Dose Tomatenmark (70 g), Salz, frisch gemahlener Pfeffer, 1 Becher Schlagsahne (250 g).

Fett erhitzen. Linsen darin andünsten. Tomatenmark zufügen und mit Salz und Pfeffer würzen. Einen halben Liter Wasser und die Schlagsahne zugießen und zugedeckt 30 Minuten dünsten. Zwischendurch umrühren und eventuell noch etwas Wasser zufügen. Mit Salz und Pfeffer abschmecken. Abkühlen lassen und portionsweise in Gefrierkochbeuteln verpacken, beschriften und einfrieren.

Lagerzeit: 4 Monate

Zum Essen: Unaufgetaut im Beutel in heißes Wasser geben und bei kleiner Hitze 25 Minuten kochen. (Pro Portion ca. 505 Kalorien/2114 Joule)

Zu Rehkeule (Seite 110), Rinder- oder Kasselerbraten vom Rost (Seite 102), kurzgebratenem Fleisch, Bratwurst oder Spiegelei servieren

Gedünstete rote Bete

(für 3 Portionen)

500 g rote Bete, 2 Knoblauchzehen, 40 g Butter oder Margarine, Salz, frisch gemahlener Pfeffer, 2 Eßl. Crème fraîche.

Rote Bete schälen und in Scheiben schneiden. Knoblauch abziehen und in feine Würfel schneiden. Beides in heißem Fett andünsten. Mit Salz und Pfeffer würzen. Vier Eßlöffel Wasser und Crème fraîche zufügen und im geschlossenen Topf bei kleiner Hitze 25 Minuten weiterdünsten. Abkühlen lassen, in Gefrierkochbeuteln verpacken, beschriften und einfrieren.

Lagerzeit: 4 Monate

Zum Essen: Unaufgetaut im Beutel in heißes Wasser legen und bei kleiner Hitze 20 Minuten kochen. (Pro Portion ca. 205 Kalorien/858 Joule)

Zu Schweinebauchrouladen (Seite 99) oder Schweinebraten vom Rost (Seite 102) servieren

Möhrengemüse mit Putenfleisch

(Foto unten; für 2 Portionen)

600 g junge Möhren, 40 g Butter oder Margarine, 1/4 l Hühnerbrühe (Instant), frisch gemahlener Pfeffer, 1 Teel. Mehl, 150 g geräucherte Putenbrust, evtl. einige Blättchen Minze.

Möhren putzen und waschen. In zerlassenem Fett drei Minuten andünsten. Brühe zugießen und im geschlossenen Topf 15 Minuten dünsten. Mit Pfeffer würzen. Mehl in wenig Wasser anrühren. Das Möhrengemüse damit binden. Einmal aufkochen lassen. Putenfleisch in Streifen schneiden und unterheben. Eventuell mit Minzeblättchen bestreuen. Abkühlen lassen, in Gefrierkochbeuteln verpacken, beschriften und einfrieren.

Lagerzeit: 4 Monate

Zum Essen: Unaufgetaut im Beutel in heißes Wasser legen und bei kleiner Hitze 30 Minuten kochen. (Pro Portion ca. 330 Kalorien/1381 Joule)

Dazu: Reis oder Salzkartoffeln

Möhrengemüse mit Putenfleisch

Glasierte Rübchen

(für 6 Portionen)

1,5 kg Teltower Rübchen (oder Möhren), 75 g Butter oder Margarine, 100 g Zucker, 1/8 l Brühe (Instant).

Die Rübchen schälen und eventuell der Länge nach halbieren. Das Fett zerlassen. 75 Gramm Zucker zugeben und unter ständigem Rühren hellbraun werden lassen. Rübchen und Brühe zugeben. Im geschlossenen Topf 15 Minuten kochen. Restlichen Zucker über die Rübchen streuen. Im offenen Topf noch etwa vier Minuten kochen, bis die Flüssigkeit fast verdampft ist. Abkühlen lassen. Portionsweise in Gefrierkochbeuteln verpacken, beschriften und einfrieren.

Lagerzeit: 4 Monate

Zum Essen: Unaufgetaut im Beutel in heißes Wasser geben und 20 Minuten kochen. (Pro Portion ca. 230 Kalorien/962 Joule)

Zu Rinderrouladen (Seite 42) oder Hackspießen (Seite 111) servieren

Rosenkohlgemüse mit Speck

(Foto unten; für 3 Portionen)

750 g Rosenkohl, 1 Zwiebel, 50 g durchwachsener Speck, 1 Eßl. Öl, frisch gemahlener Pfeffer.

Rosenkohl putzen und waschen. Zwiebel abziehen und in Ringe schneiden. Speck würfeln. In heißem Öl bei kleiner Hitze ausbraten. Zwiebelringe und Rosenkohl zufügen und kurz andünsten. 150 Kubikzentimeter Wasser zugießen und im geschlossenen Topf 15 Minuten dünsten. Mit Pfeffer abschmecken. Abkühlen lassen, in Gefrierkochbeuteln verpacken, beschriften und einfrieren.

Lagerzeit: 3 Monate

Zum Essen: Unaufgetaut im Beutel in heißes Wasser geben und bei kleiner Hitze 20 Minuten kochen. (Pro Portion ca. 220 Kalorien/920 Joule)

Zu Sauerbraten (Seite 62), Rinderrouladen (Seite 42) oder gefüllter Lammrolle (Seite 102) servieren

Rosenkohlgemüse mit Speck

Kürbisgemüse mit Rosinen

(für 8 Portionen)

3 kg Kürbis, 300 g Zwiebeln, 50 g Butter oder Margarine, 200 g Rosinen, Salz, 1 Zitrone, 2 Eßl. Curry, 4 Eßl. Mango Chutney, 3/8 l Brühe (Instant).

Kürbis schälen und die Kerne entfernen. Zwiebeln abziehen. Kürbisfleisch und Zwiebeln in Würfel schneiden. Die Zwiebeln in heißem Fett glasig dünsten. Kürbis und Rosinen zugeben und kurz mit andünsten. Mit Salz, abgeriebener Zitronenschale, Curry und Mango Chutney würzen. Brühe zugießen und im geschlossenen Topf 15 Minuten garen. Mit Zitronensaft und Salz abschmecken. Abkühlen lassen. Portionsweise in Gefrierkochbeuteln verpacken, beschriften und einfrieren.

Lagerzeit: 4 Monate

Zum Essen: Unaufgetaut im Beutel in heißes Wasser geben und 20 Minuten kochen. (Pro Portion ca. 230 Kalorien/963 Joule)

Zu kurzgebratenem Fleisch oder Kasselerbraten vom Rost (Seite 102) servieren

Glasierte Zwiebeln

(Foto Seite 55; für 6 Portionen)

1 kg kleine Zwiebeln (oder Schalotten), 80 g Butter oder Margarine, 100 g Zucker, 1/4 l Rotwein, Salz.

Zwiebeln abziehen. In heißem Fett glasig dünsten. Zucker zugeben und unter ständigem Rühren leicht bräunen lassen. Wein zugießen und im offenen Topf bei großer Hitze etwa zehn Minuten kochen, bis die Flüssigkeit fast verdampft ist. Die Zwiebeln mit wenig Salz abschmecken. Abkühlen lassen. Portionsweise in Gefrierkochbeuteln verpacken, beschriften und einfrieren.

Lagerzeit: 4 Monate

Zum Essen: Unaufgetaut im Beutel in heißes Wasser geben und 20 Minuten kochen. (Pro Portion ca. 265 Kalorien/1109 Joule)

Zu den Braten vom Rost (Seite 102), zur Ente (Seite 60), zu Sauerbraten (Seite 62) oder zur geschmorten Hochrippe (Seite 100) servieren

Glasierte Zwiebeln

Fischgerichte

Fischcurry

(für 4 Portionen)

750 g Fischfilet (Seelachs oder Rotbarsch), 1 Zitrone, 500 g Porree, 30 g Margarine, 1 Eßl. Mehl, 1 Eßl. Curry, 1/8 l Brühe (Instant), Salz.

Fisch abspülen, mit Zitronensaft beträufeln und zehn Minuten stehenlassen. Porree putzen, waschen und in Ringe schneiden. In heißer Margarine andünsten. Mit Mehl und Curry bestäuben. Brühe zugießen. Portionsweise in Gefrierkochbeutel füllen. Fisch trockentupfen, salzen und in mundgerechte Stücke schneiden. Auf den Porree legen. Gefrierkochbeutel verschließen, beschriften und einfrieren.

Lagerzeit: 3 Monate

Zum Essen: Unaufgetaut im Beutel in heißes Wasser geben und 25 Minuten ziehen lassen. (Pro Portion ca. 230 Kalorien/963 Joule)

Dazu: Reis

Fischkotelett mit Paprika

(für 1 Portion)

1 Fischkotelett (etwa 200 g; z. B. Heilbutt oder Kabeljau), Essig, 2 Lauchzwiebeln, 1 Teel. Tomatenmark, Salz, 2 Eßl. eingelegte Tomatenpaprika, 3 Eßl. Weißwein (ersatzweise Brühe).

Fisch abspülen und mit etwas Essig beträufeln. Zehn Minuten stehenlassen. Lauchzwiebeln putzen, waschen und in feine Ringe schneiden. Fisch trockentupfen und von beiden Seiten mit Tomatenmark bestreichen. Salzen. Lauchzwiebeln und abgetropfte Tomatenpaprika in einen Gefrierkochbeutel geben. Den Fisch darauflegen. Wein zugießen. Gefrierkochbeutel verschließen, beschriften und einfrieren.

Lagerzeit: 3 Monate

Zum Essen: Unaufgetaut im Beutel in kochendes Wasser geben und 30 Minuten ziehen lassen. (Pro Portion ca. 230 Kalorien/962 Joule)

Dazu: Petersilienkartoffeln

Fisch gart beim Auftauen

Portionierter Fisch kann roh mit den vorbereiteten Zutaten eingefroren werden. Er gart während des Erhitzens im Kochbeutel.

Fischkotelett mit Champignons

(für 3 Portionen)

3 Fischkoteletts à etwa 200 g (z. B. Heilbutt, Kabeljau), 2 Eßl. Essig, 500 g Champignons, 2 Zwiebeln, 2 Eßl. Öl, 4 Eßl. Schlagsahne, Salz, Cayennepfeffer.

Fisch abspülen, mit Essig beträufeln und zehn Minuten stehenlassen. Champignons putzen, waschen und in Scheiben schneiden. Zwiebeln abziehen und würfeln. In heißem Öl glasig dünsten. Champignons zugeben und drei Minuten dünsten. Sahne zugießen. Mit Salz und Cayennepfeffer abschmecken. Portionsweise in Gefrierkochbeutel geben. Fisch trockentupfen, salzen und auf die Champignons legen. Beutel verschließen, beschriften und einfrieren.

Lagerzeit: 3 Monate

Zum Essen: Unaufgetaut im Beutel in kochendes Wasser geben und 30 Minuten ziehen lassen. (Pro Portion ca. 290 Kalorien/1213 Joule)

Dazu: Kartoffelsalat

Fisch mit Meerrettich

(für 3 Portionen)

3 Fischkoteletts à etwa 200 g (z. B. Heilbutt), 1 Zitrone, 1 Bund Estragon, Salz, 3 Teel. geriebener Meerrettich, 2 Knoblauchzehen, 1/2 Becher Schlagsahne (100 g).

Fischkoteletts abspülen, mit Zitronensaft beträufeln und zehn Minuten stehenlassen. Estragon abspülen, trockentupfen und grob zerkleinern. Fisch trockentupfen und salzen. Mit Meerrettich und zerdrücktem Knoblauch bestreichen. Portionsweise in Gefrierkochbeutel geben. Estragon und pro Portion etwa drei Eßlöffel Schlagsahne zugeben. Beutel verschließen, beschriften und einfrieren.

Lagerzeit: 3 Monate

Zum Essen: Unaufgetaut im Beutel in kochendes Wasser geben und 30 Minuten ziehen lassen. (Pro Portion ca. 245 Kalorien/1025 Joule)

Dazu: Kartoffelbrei und Salat

Fisch muß fangfrisch sein

Für Gerichte, bei denen roher Fisch eingefroren wird, dürfen Sie nur fangfrische Ware verwenden. Fragen Sie Ihren Händler danach. Fisch, der schon einmal tiefgekühlt war, darf nur gegart noch einmal eingefroren werden.

Gedünstetes Fischragout mit Reis

Gedünstetes Fischragout

(Foto Seite 58; für 4 Portionen)

750 g Fischfilet (Rotbarsch, Seelachs, Lengfisch), 1/2 Zitrone, 1 Bund Lauchzwiebeln, 250 g Möhren, 2 Eßl. süße Sojasoße, 2 Eßl. Essig, 1/2 Becher Schlagsahne (125 g), Salz, frisch gemahlener Pfeffer.

Fisch abspülen, mit Zitronensaft beträufeln und zehn Minuten stehenlassen. Zwiebeln putzen und in feine Ringe schneiden. Möhren schälen und grob raspeln. Fisch trockentupfen und in mundgerechte Stücke schneiden. Fisch, Zwiebeln, Möhren, Sojasoße, Essig und Sahne mischen. Mit Salz und Pfeffer würzen. Portionsweise in Gefrierkochbeuteln verpacken, beschriften und einfrieren.

Lagerzeit: 3 Monate

Zum Essen: Unaufgetaut im Beutel in kochendes Wasser geben und 25 Minuten ziehen lassen. (Pro Portion ca. 230 Kalorien/963 Joule)

Dazu: Reis

Kräuterfisch

(für 2 Portionen)

2 Scheiben Fischfilet à etwa 200 g (Rotbarsch, Seelachs oder Schellfisch), 2 Eßl. Essig, 2 Bund Kräuter (z. B. Petersilie, Dill, Schnittlauch, Kresse, Kerbel oder gemischte Kräuter), Salz, 2 Teel. Senf.

Fisch abspülen, mit Essig beträufeln und zehn Minuten stehenlassen. Kräuter abspülen, trockentupfen und hacken. Den Fisch trockentupfen und von beiden Seiten salzen. Eine Scheibe Fisch mit Senf bestreichen. Die Kräuter darauf verteilen und mit der zweiten Fischscheibe abdecken. Eventuell mit Holzstäbchen zusammenstecken. Fisch halbieren und portionsweise in Gefrierkochbeuteln verpacken, beschriften und einfrieren.

Lagerzeit: 3 Monate

Zum Essen: Unaufgetaut im Beutel in kochendes Wasser geben und 30 Minuten ziehen lassen. (Pro Portion ca. 135 Kalorien/565 Joule)

Dazu: Kartoffeln und Salat

Braten

Putenbrust mit Rosenkohl und Kartoffeln

(für 5 Portionen)

500 g kleine Kartoffeln, Salz, 500 g Rosenkohl, 1 kg Putenbrust, 1 Tube Tomatenmark (100 g), frisch gemahlener Pfeffer, 1 Teel. Edelsüß-Paprika, 2 Knoblauchzehen, 1/2 Teel. Rosmarinnadeln, 1 Becher Schlagsahne (250 g).

Kartoffeln waschen und zehn Minuten in Salzwasser kochen. Die Schale abziehen. Rosenkohl putzen und waschen. Fleisch mit Tomatenmark bestreichen. Mit Salz, Pfeffer und Paprika bestreuen. Knoblauch abziehen und zerdrücken. Zusammen mit Rosmarinnadeln auf das Fleisch geben. Kartoffeln und Rosenkohl in einen Bratbeutel geben. Fleisch darauflegen. Sahne zugießen. Bratbeutel nach Anweisung verschließen und auf der Oberseite einstechen. Auf den Rost des Backofens legen. In den Backofen schieben, auf 200 Grad/Gas Stufe 3 schalten und eine Stunde 15 Minuten braten. Abkühlen lassen, in einem Gefrierbeutel verpacken, beschriften und einfrieren.

Lagerzeit: 3 Monate

Zum Essen: Aus dem Gefrierbeutel nehmen und etwa sechs Stunden bei Zimmertemperatur auftauen. Bratbeutel auf den Rost des Backofens legen und in den Backofen schieben. Auf 175 Grad/Gas Stufe 2 schalten und 45 Minuten erhitzen. (Pro Portion ca. 490 Kalorien/2051 Joule)

Dazu: Salat

Gefüllte Ente mit Schalotten

(für 3 Portionen)

1 küchenfertige Ente (etwa 1,3 kg), 1 Brötchen, 3 Orangen, 2 Zwiebeln, 1 Bund Petersilie, 2 Teel. eingelegte grüne Pfefferkörner, Salz, 150 g Schalotten (ersatzweise kleine Zwiebeln).

Ente abspülen und trockentupfen. Brötchen würfeln und mit dem Saft einer Orange beträufeln. Restliche Orangen schälen und das Fruchtfleisch in Würfel schneiden. Zwiebeln abziehen und würfeln. Petersilie abspülen, trockentupfen und hacken. Brötchenwürfel, Orangenstücke, Zwiebeln, Petersilie und eingelegten Pfeffer mischen. Die Ente innen und außen salzen. Füllen und die Öffnung mit Holzstäbchen zustecken. Schalotten abziehen. Ente und Schalotten in einen Bratbeutel legen. Nach Anweisung verschließen und auf der Oberseite einstechen. Auf den Rost des Backofens legen und in den Backofen schieben. Auf 200 Grad/Gas Stufe 3 schalten und eine Stunde braten. Abkühlen lassen. In einem Gefrierbeutel verpacken, beschriften und einfrieren.

Lagerzeit: 3 Monate

Zum Essen: Aus dem Gefrierbeutel nehmen und im Bratbeutel etwa sechs Stunden bei Zimmertemperatur auftauen lassen. In den Backofen schieben, auf 200 Grad/Gas Stufe 3 schalten und noch 50 Minuten erhitzen.

(Pro Portion ca. 965 Kalorien/4039 Joule)

Dazu: Kartoffelknödel (Seite 31)

Lammrücken mit Fenchel

(für 6 Portionen)

3 Knoblauchzehen, 2 Eßl. Senf, frisch gemahlener Pfeffer, 1/2 Becher Crème fraîche (75 g), 1,5 kg Lammrücken, 4 Fenchelknollen, Salz, 1 Zweig Rosmarin, 1/4 l Cidre (Apfelwein; ersatzweise Brühe).

Knoblauch abziehen und in Stifte schneiden. Senf mit Pfeffer und Crème fraîche verrühren. Lammrücken mit einem spitzen Messer mehrmals an der Haut einstechen. Knoblauchstifte hineinstecken. Mit der Senfpaste einreiben. Fenchel waschen und halbieren. Den harten inneren Kern keilförmig herausschneiden. Fenchelgrün entfernen und anderweitig verwenden. Fenchel mit Salz bestreuen und in einen Bratbeutel geben. Fleisch salzen und darauflegen. Rosmarin und Cidre zufügen. Bratbeutel nach Anweisung verschließen und auf der Oberseite einstechen. Auf den Rost des Backofens legen und in den Backofen schieben. Auf 200 Grad/Gas Stufe 3 schalten und eine Stunde 20 Minuten braten. Abkühlen lassen, in einem Gefrierbeutel verpacken, beschriften und einfrieren.

Lagerzeit: 3 Monate

Zum Essen: Aus dem Gefrierbeutel nehmen und etwa sechs Stunden bei Zimmertemperatur auftauen. Bratbeutel in den Backofen schieben. Auf 175 Grad/Gas Stufe 2 schalten und 45 Minuten erhitzen. (Pro Portion ca. 885 Kalorien/ 3704 Joule)

Kaninchen mit Senfsoße

(für 4 Portionen)

1 küchenfertiges Kaninchen (etwa 1,3 kg), Salz, 3 Eßl. Senf, einige Pfefferkörner, 2 Zwiebeln, 100 ccm Rotwein (ersatzweise Brühe); zum Essen: 1/2 Becher Schlagsahne (100 g), 1 Eßl. Speisestärke, 2 Teel. Senf, Salz.

Kaninchen abspülen, trockentupfen und in acht Teile zerlegen. Rundherum salzen und mit Senf bestreichen. Die Kaninchenteile in einen Bratbeutel legen. Pfefferkörner, abgezogene Zwiebeln und Rotwein zugeben. Bratbeutel nach Anweisung verschließen und auf der Oberseite einstechen. Auf den Rost des Backofens legen und in den Backofen schieben. Auf 200 Grad/Gas Stufe 3 schalten und eine Stunde zehn Minuten braten. Abkühlen lassen. In einem Gefrierbeutel verpacken, beschriften und einfrieren.

Lagerzeit: 3 Monate

Zum Essen: Aus dem Gefrierbeutel nehmen und etwa sechs Stunden bei Zimmertemperatur auftauen lassen. Bratbeutel auf den Rost des Backofens legen und in den Backofen schieben, auf 200 Grad/Gas Stufe 3 schalten und 30 Minuten braten. Beutel aufschneiden. Fleischstücke herausnehmen und warm stellen. Den Bratensud durch ein Sieb abgießen. Sahne mit Speisestärke verrühren und zum Bratensud geben. Aufkochen lassen. Die Soße mit Senf und und Salz abschmecken. (Pro Portion ca. 560 Kalorien/2344 Joule)

Sauerbraten

(Foto Seite 63; für 4 Portionen)

750 g Rinderbraten, Salz, 100 ccm Essig, 100 ccm Rotwein, 2 Zwiebeln, 1 Lorbeerblatt, 1 Teel. schwarze Pfefferkörner, 1/2 Becher Schlagsahne (125 g), 1 Eßl. Mehl; zum Essen: 2 Eßl. Schlagsahne, Salz, frisch gemahlener Pfeffer.

Rinderbraten salzen. In einen Bratbeutel geben. Essig, Rotwein und 100 Kubikzentimeter Wasser, abgezogene, geviertelte Zwiebeln, Lorbeerblatt und Pfefferkörner zufügen. Bratbeutel nach Anweisung verschließen. Für zwei bis drei Tage in den Kühlschrank stellen, ab und zu den Beutel umdrehen.

Zum Braten Beutel öffnen und 100 Kubikzentimeter von der Marinade abgießen. Schlagsahne mit Mehl verrühren und zum Fleisch geben. Beutel wieder verschließen und auf der Oberseite einstechen. Auf den Rost des Backofens legen und in den Backofen schieben. Auf 200 Grad/Gas Stufe 3 schalten und eine Stunde 30 Minuten braten. Abkühlen lassen. Bratbeutel in einem Gefrierbeutel verpacken, beschriften und einfrieren.

Lagerzeit: 3 Monate

Zum Essen: Aus dem Gefrierbeutel nehmen und etwa sechs Stunden bei Zimmertemperatur auftauen. Bratbeutel auf den Rost des Backofens legen und in den Backofen schieben. Auf 150 Grad/Gas Stufe 2 schalten und eine Stunde erhitzen. Bratbeutel öffnen und den Bratenfond durch ein Sieb streichen. Sahne unterrühren und mit Salz und Pfeffer abschmecken. Fleisch aufschneiden und die Soße dazu servieren. (Pro Portion ca. 390 Kalorien/1632 Joule)

Dazu: Kartoffelknödel (Seite 31) und glasierte Zwiebeln (Seite 54) oder Rosenkohlgemüse mit Speck (Seite 53)

Bratbeutel oder Bratschlauch

Bratfolien werden in unterschiedlichen Ausführungen angeboten. Es gibt Bratbeutel, die an einem Ende schon verschweißt sind, und Bratschläuche, die an beiden Enden mit Klipsen verschlossen werden müssen. Sie haben den Vorteil, daß man die Länge des Schlauches selbst bestimmen und sich seinen Bratbeutel individuell zurechtschneiden kann. Folienschläuche werden in zwei unterschiedlichen Größen angeboten.

Wichtig: Lebensmittel, die in der Bratfolie eingefroren werden, sollten immer noch zusätzlich in Gefrierbeutel oder Alufolie verpackt werden.

Sauerbraten in Bratfolie

Ganze Fische

Gebackener Karpfen mit Gemüse

(für 4 Portionen)

1 küchenfertiger Karpfen (etwa 1,2 kg), 1 Zitrone, 250 g Möhren, 250 g Porree, Salz.

Karpfen abspülen, mit Zitronensaft beträufeln und zehn Minuten stehenlassen. Möhren schälen und in feine Scheiben schneiden. Porree putzen, waschen und in Ringe schneiden. Den Karpfen innen und außen salzen und mit dem Gemüse füllen. Den Fisch in Alufolie verpacken, beschriften und einfrieren.

Lagerzeit: 3 Monate

Zum Essen: Alufolie öffnen und den Fisch bei Zimmertemperatur etwa eine Stunde antauen lassen. Auf ein Backblech legen. In den Backofen schieben, auf 200 Grad/Gas Stufe 3 schalten und 50 Minuten backen. (Pro Portion ca. 350 Kalorien/1465 Joule)

Dazu: Salzkartoffeln

Nicht zu sparsam sein

Alufolie lieber etwas reichlicher als zu knapp abmessen. Die Gerichte müssen auf alle Fälle vollkommen eingeschlagen sein. Und: Nur extra starke Folie eignet sich zum Einfrieren.

Gefüllter Rotbarsch

(Foto Seite 65; für 3 Portionen)

1 küchenfertiger Rotbarsch (etwa 1,2 kg; oder ein anderer Fisch), 2 Eßl. Essig, 2 Zwiebeln, 300 g Tomaten, 1 Bund Petersilie, 1 Becher Crème fraîche (150 g), Salz, frisch gemahlener Pfeffer;
zum Essen: Salz, 2 Eßl. Öl.

Den Fisch abspülen und trockentupfen. Mit Essig beträufeln und zehn Minuten stehenlassen. Zwiebeln abziehen und in Ringe schneiden. Tomaten waschen und in Scheiben schneiden. Petersilie abspülen, trockentupfen und grob zerkleinern. Crème fraîche mit Salz, Pfeffer, Zwiebeln, Tomaten und Petersilie verrühren und den Fisch damit füllen. Den Fisch in Alufolie verpacken, beschriften und einfrieren.

Lagerzeit: 3 Monate

Zum Essen: Alufolie öffnen und den Fisch bei Zimmertemperatur etwa eine Stunde antauen lassen. Auf ein Backblech legen. Salzen und mit Öl beträufeln. In den Ofen schieben, auf 175 Grad/Gas Stufe 2 schalten und eine Stunde backen. Eventuell in den letzten zehn Minuten mit Pergamentpapier abdecken. (Pro Portion ca. 490 Kalorien/2051 Joule)

Dazu: Salzkartoffeln

Gefüllter Rotbarsch

Kräuterforellen

(für 2 Portionen)

2 küchenfertige Forellen (je 350 g), 1 Zitrone, Salz, 2 Knoblauchzehen, 4 Anchovis, 1 Bund Dill, 40 g Butter, frisch gemahlener Pfeffer, 2 Bund glatte Petersilie, 3 Eßl. Öl.

Forellen abspülen und trockentupfen. Mit Zitronensaft beträufeln und zehn Minuten stehenlassen. Salzen. Knoblauch abziehen und zerdrücken. Anchovis sehr fein hacken. Dill waschen und hacken. Mit Butter, frisch gemahlenem Pfeffer, Knoblauch und Anchovis vermischen. Die Forellen mit der Masse füllen. Petersilie waschen. Auf ein Stück Alufolie legen. Forellen darauflegen. Mit Öl beträufeln. Folie verschließen, beschriften und einfrieren.

Lagerzeit: 3 Monate

Zum Essen: Folie öffnen und den Fisch bei Zimmertemperatur eine Stunde antauen lassen. Auf ein Backblech legen und in den Backofen schieben. Auf 175 Grad/Gas Stufe 2 schalten und 40 Minuten garen. (Pro Portion ca. 595 Kalorien/2490 Joule)

Dazu: Dillkartoffeln

Zander auf Porree

(für 3 Portionen)

1 küchenfertiger Zander (etwa 1,2 kg), 100 ccm trockener Weißwein, Salz, 3 Zwiebeln, 2 Stangen Porree (600 g), 50 g Butter oder Margarine, Curry, frisch gemahlener Pfeffer, 100 g Nordseekrabbenfleisch, 50 g Mandelblättchen.

Zander abspülen und trockentupfen. Mit Wein begießen und 20 Minuten stehenlassen. Salzen. Zwiebeln abziehen und würfeln. Porree putzen, waschen und in Ringe schneiden. Zwiebelwürfel in 30 Gramm Fett glasig dünsten. Herausnehmen und mit Salz, Curry und Pfeffer würzen. Mit Krabbenfleisch vermischen. Porreeringe in dem Fett ebenfalls andünsten. Mandelblättchen zufügen und mit Salz und Pfeffer würzen. Porreegemüse auf ein Stück Alufolie legen. Den Fisch mit der Zwiebel-Krabbenmischung füllen. Auf das Gemüse legen und mit restlichem Fett in Flöckchen belegen. Folie verschließen, beschriften und einfrieren.

Lagerzeit: 3 Monate

Zum Essen: Folie öffnen und den Fisch bei Zimmertemperatur eine Stunde antauen. Auf ein Backblech legen und in den Backofen schieben. Auf 175 Grad/Gas Stufe 3 schalten und eine Stunde backen. (Pro Portion ca. 570 Kalorien/2386 Joule)

Dazu: Salzkartoffeln

Aufläufe und Überbackenes

Überbackener Fenchel

(für 4 Portionen)

1 kg Fenchel, Salz, 1 Zwiebel, 400 g Schweinemett, 1 Dose Tomatenmark (70 g), frisch gemahlener Pfeffer, 1 Becher saure Sahne (150 g), 2 Eigelb.

Fenchel putzen und der Länge nach in dicke Scheiben schneiden. In kochendes Salzwasser geben und acht Minuten kochen. Herausnehmen und abtropfen lassen. Zwiebel abziehen und würfeln. Mett bei mittlerer Hitze krümelig anbraten. Zwiebelwürfel darin andünsten. Tomatenmark unterrühren. Mit Salz und Pfeffer abschmecken. Fenchel und Mett in eine oder mehrere Aluformen schichten. Saure Sahne mit Eigelb und Salz verrühren. Über den Fenchel gießen. Form verschließen, beschriften und einfrieren.
Lagerzeit: 3 Monate
Zum Essen: Form öffnen und ein bis zwei Stunden bei Zimmertemperatur antauen lassen. In den Backofen schieben, auf 200 Grad/Gas Stufe 3 schalten und 45 Minuten backen. (Pro Portion ca. 560 Kalorien/2344 Joule)
Dazu: Kartoffelbrei

Gemüseauflauf mit Käse

(für 3 Portionen)

1 Gemüsezwiebel, 500 g Paprikaschoten, 2 Eßl. Öl, 1 Knoblauchzehe, Salz, frisch gemahlener Pfeffer, 2 Eier, 1 Becher saure Sahne (150 g), 100 g Emmentaler Käse, 1 Teelöffel Edelsüß-Paprika.

Zwiebel abziehen und in Ringe schneiden. Paprika putzen, waschen und in Streifen schneiden. Zwiebelringe in heißem Öl andünsten. Paprika und zerdrückten Knoblauch zugeben und drei Minuten dünsten. Salzen und pfeffern. In eine oder mehrere Aluformen füllen. Eier mit saurer Sahne und geriebenem Käse verrühren. Mit Edelsüß-Paprika würzen. Über das Gemüse gießen. Form verschließen, beschriften und einfrieren.
Lagerzeit: 3 Monate
Zum Essen: Form öffnen und den Auflauf ein bis zwei Stunden bei Zimmertemperatur antauen lassen. In den Backofen schieben, auf 200 Grad/Gas Stufe 3 schalten und 40 Minuten backen. (Pro Portion ca. 410 Kalorien/1716 Joule)

Aluformen verschließen

Aluformen, die keinen eigenen Deckel haben, können Sie mit Alufolie verschließen.

Mussaka

Mussaka

(Foto Seite 68; für 8 Portionen)

1,5 kg Auberginen, Salz, 400 g Tomaten, 3 Zwiebeln, 1 kg Hackfleisch, 1/8 l Öl, frisch gemahlener Pfeffer, 75 g Mehl, 50 g Butter oder Margarine, 3/4 l Milch, Muskat, 3 Eier.

Auberginen in Scheiben schneiden. Salzen und 30 Minuten stehenlassen. Abgezogene Tomaten und Zwiebeln würfeln. Hackfleisch in zwei Eßlöffel Öl anbraten. Zwiebeln und Tomaten zugeben und mit andünsten. Salzen und pfeffern. Auberginen trockentupfen und im restlichen Öl von beiden Seiten hellbraun braten. Auf Küchenkrepp abtropfen lassen. Eine oder mehrere Aluformen mit den Auberginen auslegen. Das Hackfleisch zugeben und mit einer zweiten Schicht Auberginen abdecken. Mehl in Fett andünsten. Die Milch unter ständigem Rühren zugießen. Fünf Minuten kochen lassen. Mit Salz, Pfeffer und Muskat abschmecken. Die Eier unterrühren und die Soße auf den Auberginen verteilen. Die Formen schließen, beschriften und einfrieren.
Lagerzeit: 3 Monate
Zum Essen: Form öffnen und bei Zimmertemperatur etwa eine Stunde antauen lassen. In den Backofen schieben. Auf 225 Grad/Gas Stufe 4 schalten und etwa eine Stunde 40 Minuten backen. (Pro Portion ca. 775 Kalorien/3244 Joule)
Dazu: Salat

Überbackene Auberginen

(für 4 Portionen)

4 Auberginen (etwa 750 g), Salz, 6 Eßl. Öl, 2 Zwiebeln, 1 Becher Crème fraîche (200 g), 2 Eigelb, 2 Knoblauchzehen, frisch gemahlener Pfeffer, 250 g Schafkäse, 2 Zweige Minze.

Auberginen waschen und der Länge nach in Scheiben schneiden. Salzen und 30 Minuten stehenlassen. Mit Küchenkrepp trockentupfen. In heißem Öl von jeder Seite hellbraun braten. Herausnehmen und auf Küchenkrepp abtropfen lassen. Abgezogene Zwiebeln in Ringe schneiden und im Bratfett glasig dünsten. Auberginen und Zwiebeln in eine oder mehrere Aluformen geben. Crème fraîche mit Eigelb, zerdrücktem Knoblauch, Salz und Pfeffer verrühren und über die Auberginen gießen. Zerbröckelten Schafkäse und abgespülte Minzeblättchen darauf verteilen. Form schließen, beschriften und einfrieren.
Lagerzeit: 3 Monate
Zum Essen: Form öffnen. Etwa eine Stunde bei Zimmertemperatur antauen lassen. In den Backofen schieben. Auf 225 Grad/Gas Stufe 4 schalten und 30 Minuten überbacken. (Pro Portion ca. 540 Kalorien/2260 Joule)
Dazu: Stangenweißbrot oder Reis

Geschichteter Kohl

(für 4 Portionen)

500 g Schweineschulter ohne Knochen, 4 Eßl. Öl, Salz, frisch gemahlener Pfeffer, 1 Teel. Kümmel, 2 Eßl. pikante Sojasoße, 2 Eßl. Schmand (ersatzweise Crème fraîche), 1 kleiner Weißkohl (600 g), 1/4 l Brühe (Instant), 100 g abgetropfte Senfgurken, 2 Eßl. Semmelbrösel, 50 g Butter.

Fleisch in kleine Würfel schneiden. In zwei Eßlöffel Öl hellbraun anbraten. Mit Salz, Pfeffer und Kümmel würzen. Sojasoße und Schmand unterrühren. Beiseite stellen. Vom Weißkohl die äußeren Blätter entfernen. Kohl halbieren und den harten Strunk entfernen. Kohl in feine Streifen schneiden. Im restlichen Öl andünsten. Brühe zugießen und fünf Minuten im geschlossenen Topf dünsten. Senfgurken kleinschneiden und unter den Kohl mischen. Kohl und Fleisch abwechselnd in eine oder mehrere Aluformen füllen. Mit Semmelbrösel bestreuen und mit der Butter in Flöckchen besetzen. Abkühlen lassen. Form verschließen, beschriften und einfrieren.

Lagerzeit: 3 Monate

Zum Essen: Form öffnen und bei Zimmertemperatur ein bis zwei Stunden antauen lassen. In den Backofen schieben. Auf 200 Grad/Gas Stufe 3 schalten und 30 Minuten backen. (Pro Portion ca. 650 Kalorien/2721 Joule)

Dazu: Bauernbrot und Tomatensalat

Gefüllte Pfannkuchen

(für 4 Portionen)

Pfannkuchen: knapp 1/4 l Milch, 2 Eier, 125 g Mehl, 1 Teel. Salz, 50 g Butter oder Margarine; Füllung: 200 g gekochter Schinken, 3 Tomaten, 1 1/2 Mozzarella-Käse (225 g; ersatzweise Frischkäse), 1 Bund Basilikum, frisch gemahlener Pfeffer;
zum Essen: 50 g frisch geriebener Parmesankäse, 20 g Butter.

Für die Pfannkuchen Milch, Eier, Mehl und Salz verrühren. Aus dem Teig in heißem Fett nacheinander sechs dünne Pfannkuchen backen. Nebeneinanderlegen. Schinken, Tomaten und Mozzarella würfeln. Basilikum waschen und die Blättchen abzupfen. Mit Schinken, Mozzarella und Tomaten vermischen. Mit Salz und Pfeffer würzen. Die Mischung auf die Pfannkuchen verteilen und die Pfannkuchen aufrollen. Nebeneinander in eine oder mehrere Aluformen legen. Verschließen, beschriften und einfrieren.

Lagerzeit: 3 Monate

Zum Essen: Form öffnen und bei Zimmertemperatur etwa eine Stunde antauen lassen. Mit Parmesankäse bestreuen und mit Butterflöckchen belegen. In den Backofen schieben, auf 200 Grad/Gas Stufe 3 schalten und 30 Minuten überbacken. (Pro Portion ca. 680 Kalorien/2846 Joule)

Dazu: Gurkensalat

Überbackene Muscheln

(für 6 Portionen als Vorspeise)

1 kg Miesmuscheln, Salz, 1 große Dose Tomaten, 2 Knoblauchzehen, 1 Becher Crème fraîche (150 g), frisch gemahlener Pfeffer, 1 Bund Schnittlauch;
zum Essen: etwa 75 g Goudakäse.

Muscheln unter fließendem Wasser abspülen, offene Muscheln wegwerfen. Muscheln in wenig kochendes Salzwaser geben und fünf Minuten kochen, dabei den Topf mehrmals schwenken. Muschelfleisch aus den Schalen lösen, geschlossene Muscheln wegwerfen. Tomaten mit Flüssigkeit und zerdrücktem Knoblauch im offenen Topf dicklich einkochen lassen. Crème fraîche unterrühren. Mit Salz und Pfeffer abschmecken. Schnittlauch abspülen, trockentupfen und in Röllchen schneiden. Unter die Tomaten rühren. In eine oder mehrere kleine Aluformen verteilen. Muscheln daraufgeben. Form verschließen, beschriften und einfrieren.
Lagerzeit: 3 Monate
Zum Essen: Form öffnen. Muscheln 30 Minuten bei Zimmertemperatur antauen lassen. Pro Portion mit einem Eßlöffel geriebenem Käse bestreuen. In den Backofen schieben, auf 225 Grad/Gas Stufe 4 schalten und 20 Minuten überbacken. (Pro Portion ca. 260 Kalorien/1088 Joule)
Dazu: Stangenweißbrot

Überbackener Fisch

(für 4 Portionen)

800 g Fischfilet, 1 Zitrone, 750 g Champignons, 3 Zwiebeln, 2 Eßl. Öl, Salz, frisch gemahlener Pfeffer, 1 Zweig Majoran, 1/2 Becher Schlagsahne (125 g), 1 Eigelb.

Fischfilet abspülen, mit Zitronensaft beträufeln und zehn Minuten stehenlassen. Champignons putzen, waschen und in Scheiben schneiden. Zwiebeln abziehen und in Ringe schneiden. Zwiebeln in heißem Öl glasig dünsten. Mit Salz und Pfeffer würzen. Abkühlen lassen und gehackten Majoran unterrühren. Fisch trockentupfen und von beiden Seiten salzen. Fisch und Champignons portionsweise in eine oder mehrere Aluformen füllen. Sahne mit Eigelb und etwas Salz verrühren. Über den Fisch gießen. Form verschließen, beschriften und einfrieren.
Lagerzeit: 3 Monate
Zum Essen: Form öffnen. Fisch bei Zimmertemperatur ein bis zwei Stunden antauen lassen. In den Backofen schieben, auf 200 Grad/Gas Stufe 3 schalten und 35 Minuten backen. (Pro Portion ca. 340 Kalorien/1423 Joule)
Dazu: Reis oder Salzkartoffeln

Überbackener Chicorée

Überbackener Chicorée

(Foto Seite 72; für 3 Portionen)

500 g mehlige Kartoffeln, Salz, 3 Kolben Chicorée, 3 Scheiben Frühstücksspeck, 3 Scheiben Edamer Käse, frisch gemahlener Pfeffer, 1 Teel. Edelsüß-Paprika, 20 g Butter;
zum Essen: 1/2 Becher Schlagsahne (125 g), 1 Eigelb.

Kartoffeln 20 Minuten in Salzwasser kochen. Die Schale abziehen und die Kartoffeln würfeln. Chicorée waschen, der Länge nach halbieren und den harten, bitteren Kern herausschneiden. Chicorée drei Minuten sprudelnd in Salzwasser kochen. Herausnehmen und abtropfen lassen. Eine Hälfte mit Speckscheiben, die andere Hälfte mit den Käsescheiben umwickeln. Kartoffeln salzen, pfeffern, mit Paprika bestreuen und in eine Aluform geben. Chicorée darauflegen. Mit Butterflöckchen belegen. Form verschließen, beschriften und einfrieren.

Lagerzeit: 3 Monate

Zum Essen: Form öffnen und bei Zimmertemperatur etwa eine Stunde antauen lassen. Sahne und Eigelb verrühren und auf den Chicorée gießen. In den Backofen schieben. Auf 225 Grad/Gas Stufe 4 schalten und 30 Minuten backen. (Pro Portion ca. 570 Kalorien/2386 Joule)

Überbackener Porree

(für 2 Portionen)

500 g Porree, 200 g Möhren, Salz, 150 g gekochter Schinken, 1 Zwiebel, 20 g Butter oder Margarine, 1 Eßl. Mehl, 1/4 l Milch, 1 Bund Petersilie, Muskat, frisch gemahlener Pfeffer, 50 g geriebener Goudakäse.

Porree und Möhren waschen und putzen. Der Länge nach halbieren und in fingerlange Stücke schneiden. Porree fünf Minuten, Möhren zehn Minuten in Salzwasser kochen. Schinken in Streifen schneiden. Mit dem Gemüse vermischen und in eine oder mehrere Aluformen füllen. Zwiebel abziehen und fein würfeln. In heißem Fett glasig dünsten. Mehl darüberstäuben und andünsten. Nach und nach unter ständigem Rühren die Milch zugießen. Bei kleiner Hitze fünf Minuten kochen. Petersilie waschen, trockentupfen und hacken. Unter die Soße rühren. Mit Salz, Muskat und Pfeffer abschmecken. Käse unterrühren. Über das Gemüse gießen. Abkühlen lassen. Form verschließen, beschriften und einfrieren.

Lagerzeit: 3 Monate

Zum Essen: Form öffnen und bei Zimmertemperatur etwa eine Stunde antauen lassen. In den Backofen schieben. Auf 200 Grad/Gas Stufe 3 schalten und 40 Minuten backen. Eventuell mit Pergamentpapier abdecken. (Pro Portion ca. 610 Kalorien/2553 Joule)

Dazu: Salzkartoffeln

Kirschenplotzer

(für 4 Portionen)

500 g Sauerkirschen, 5 altbackene Brötchen, 1/2 l Milch, 100 g Butter oder Margarine, 4 Eier, 100 g Zucker, 1 Päckchen Vanillinzucker, 1 Päckchen Vanillepuddingpulver, Fett für die Formen.

Kirschen waschen, trockentupfen und entsteinen. Brötchen grob zerschneiden und mit der Milch übergießen. 15 Minuten stehenlassen. Gut durchdrücken. Das weiche Fett mit Eiern, Zucker und Vanillinzucker schaumig rühren. Brötchen mit Milch und Vanillepuddingpulver unterrühren. Die Kirschen unterheben. Die Masse in eine oder mehrere gefettete Aluformen füllen. Verschließen, beschriften und einfrieren.
Lagerzeit: 3 Monate
Zum Essen: Form öffnen und den Auflauf bei Zimmertemperatur eine Stunde antauen lassen. In den Backofen schieben, auf 200 Grad/Gas Stufe 3 schalten und etwa eine Stunde backen. (Pro Portion ca. 780 Kalorien/3265 Joule)
Dazu: Frucht- oder Vanillesoße

Rhabarberkompott mit Baiserhaube

(Foto Seite 75; für 6 Portionen)

1 kg Rhabarber, 150 g Zucker, 3 Birnen; zum Essen: 2 Eiweiß, 4 Eßl. Ahornsirup (oder anderer Sirup).

Rhabarber putzen, waschen und in Stücke schneiden. Mit Zucker bestreuen und 30 Minuten stehenlassen. Birnen schälen, halbieren, entkernen und in Spalten schneiden. Zum Rhabarber geben. 100 Kubikzentimeter Wasser zufügen und bei mittlerer Hitze zehn Minuten dünsten. Das Kompott in eine oder mehrere Aluformen füllen. Abkühlen lassen. Form verschließen, beschriften und einfrieren.
Lagerzeit: 3 Monate
Zum Essen: Kompott bei Zimmertemperatur ein bis zwei Stunden antauen lassen. Eiweiß steif schlagen und den Sirup unterrühren. Baisermasse auf dem Kompott verteilen. Unter dem Grill oder in den auf 250 Grad/Gas Stufe 6 aufgeheizten Backofen schieben und fünf Minuten bräunen. (Pro Portion ca. 220 Kalorien/920 Joule)

Rhabarberkompott mit Baiserhaube

Grießauflauf mit Früchten

(für 6 Portionen)

1/2 l Milch, 1 Vanilleschote, 100 g Grieß, 500 g Früchte (Stachelbeeren, Johannisbeeren, Zwetschen, Pfirsiche), 60 g Butter oder Margarine, 4 Eier, 150 g Zucker, 1 Zitrone.

Milch mit ausgekratztem Vanillemark aufkochen, Grieß einrühren und bei kleiner Hitze zehn Minuten quellen lassen. Abkühlen lassen. Früchte waschen, trockentupfen und eventuell kleinschneiden. Fett mit Eigelb, Zucker und abgeriebener Zitronenschale schaumig rühren. Unter den Grießbrei rühren. Eiweiß steif schlagen und unterheben. Früchte unterziehen. Die Masse in eine oder mehrere Aluformen füllen, verschließen, beschriften und einfrieren.

Lagerzeit: 3 Monate

Zum Essen: Form öffnen. Den Auflauf bei Zimmertemperatur etwa eine Stunde antauen lassen. In den Backofen schieben, auf 180 Grad/ Gas Stufe 2 schalten und etwa eine Stunde backen. (Pro Portion ca. 400 Kalorien/1674 Joule)

Aprikosenauflauf

(für 4 Portionen)

250 g Aprikosen (oder Kirschen, Rhabarber, Pflaumen), 2 Eier, 1 Päckchen Vanillinzucker, 50 g Zucker, 1 Päckchen Frischkäse (200 g), 4 Zwiebäcke, 40 g gemahlene Haselnüsse.

Aprikosen waschen, halbieren und entsteinen. Eier mit Vanillinzucker und Zucker schaumig schlagen. Frischkäse, geriebene Zwiebäcke und Haselnüsse unterrühren. Den Teig in eine oder mehrere Aluformen füllen. Aprikosen darauf verteilen. Form verschließen, beschriften und einfrieren.

Lagerzeit: 3 Monate

Zum Essen: Die Form öffnen und bei Zimmertemperatur etwa eine Stunde antauen lassen. In den Backofen schieben, auf 200 Grad/ Gas Stufe 3 schalten und etwa 35 Minuten backen. (Pro Portion ca. 400 Kalorien/ 1674 Joule)

Dazu: Vanillesoße oder Schlagsahne

Süße und salzige Kuchen

Apfel-Pie

(für 4 Portionen)

Teig: 250 g Mehl, 65 g Zucker, 125 g Butter oder Margarine, 1 Ei; Belag: 500 g Äpfel, 1 Zitrone, 40 g Zucker, 30 g Rosinen, 25 g Kokosraspel; Fett für die Form; zum Essen: 1 Eßlöffel Puderzucker.

Mehl mit 65 Gramm Zucker, Fett und Ei verkneten. Den Teig 30 Minuten kalt stellen. Äpfel schälen und in Spalten schneiden. Mit abgeriebener Zitronenschale, Zucker, Rosinen und Kokosraspel mischen. Den Teig in zwei Portionen teilen. Boden und Rand einer gefetteten Aluform (Inhalt 1,4 Liter) mit einer Teighälfte auslegen. Die Apfelmischung darauf verteilen. Zweite Teighälfte ausrollen und auf die Äpfel legen. Den Teig an den Rändern gut zusammendrücken. Aus der Teigdecke zwei Löcher ausstechen. Teigreste ausrollen, Formen ausstechen und die Teigoberfläche damit verzieren. Form verschließen, beschriften und einfrieren.

Lagerzeit: 6 Monate

Zum Essen: Form öffnen. Apfel-Pie zwei Stunden bei Zimmertemperatur antauen lassen. In den Backofen schieben, auf 200 Grad/Gas Stufe 3 schalten und 50 Minuten backen. Mit Puderzucker bestäuben. (Pro Portion ca. 730 Kalorien/3055 Joule)

Dazu: Karameleis (Seite 122) oder Schlagsahne

Johannisbeerkuchen

(für 8 Stücke)

Teig: 125 g Mehl, Salz, 50 g Butter oder Margarine, 1 Teel. Essig, Fett für die Form; Belag: 500 g Johannisbeeren, 30 g gemahlene Haselnüsse, 75 g Zucker, 2 Eier, 1/2 Becher Schlagsahne (125 g).

Mehl, Salz, Fett, Essig und zwei Eßlöffel Wasser zu einem geschmeidigen Teig verkneten. 30 Minuten kalt stellen. Johannisbeeren waschen, trockentupfen und von den Stielen streifen. Boden und Rand einer gefetteten Aluform (Durchmesser 25 Zentimeter) mit dem Teig auslegen. Mit Haselnüssen bestreuen. Johannisbeeren darauf verteilen und mit 50 Gramm Zucker bestreuen. Eier mit restlichem Zucker und Schlagsahne verrühren. Über die Johannisbeeren gießen. Form verschließen, beschriften und einfrieren.

Lagerzeit: 6 Monate

Zum Essen: Die Form öffnen und den Kuchen bei Zimmertemperatur zwei bis drei Stunden antauen lassen. In den Backofen schieben, auf 180 Grad/Gas Stufe 2 schalten und 40 Minuten backen. (Pro Stück ca. 270 Kalorien/1130 Joule)

Birnen-Torte

Birnen-Torte

(Foto Seite 78; für 12 Stücke)

150 g Mehl, 75 g Butter oder Margarine, 1 Prise Salz, 50 g Zucker, 750 g Birnen, 3 Eßl. Birnengeist (ersatzweise Zitronensaft), Fett für die Form;
zum Essen: 2 Eßl. Ahornsirup.

Mehl, Fett in Flöckchen, Salz, einen Eßlöffel Zucker und zwei Eßlöffel Wasser zu einem glatten Teig verkneten. 30 Minuten ruhenlassen. Inzwischen Birnen schälen, vierteln und das Kerngehäuse herausschneiden. Birnen in Scheiben schneiden und mit Birnengeist beträufeln. Teig ausrollen und in eine gefettete Aluform (Durchmesser 25 Zentimeter) legen. Birnen darauf verteilen. Mit restlichem Zucker bestreuen. In den Backofen schieben, auf 200 Grad/Gas Stufe 3 schalten und 50 Minuten backen. Auskühlen lassen. Verpacken, beschriften und einfrieren.
Lagerzeit: 6 Monate
Zum Essen: Form öffnen und die Torte etwa zwei Stunden antauen lassen. In den Backofen schieben, auf 180 Grad/Gas Stufe 2 schalten und zehn Minuten backen. Mit Ahornsirup beträufeln.
(Pro Stück ca. 175 Kalorien/725 Joule)
Dazu: Schlagsahne oder Vanilleeis (Seite 121)

Rhabarberkuchen

(für 8 Stücke)

500 g Rhabarber, Fett für die Form,
200 g Zucker, 125 g Butter oder Margarine,
2 Eier, 1 Päckchen Vanillinzucker, 250 g Mehl,
2 Teel. Backpulver.

Rhabarber putzen, waschen und in Stücke schneiden. Den Boden einer gefetteten Aluform (Inhalt 1,4 Liter) mit 75 Gramm Zucker bestreuen. Rhabarber darauf verteilen. Fett mit Eiern, restlichem Zucker und Vanillinzucker schaumig rühren. Mehl und Backpulver unterrühren. Den Teig auf die Rhabarberstücke verteilen. Form verschließen, beschriften und einfrieren.
Lagerzeit: 6 Monate
Zum Essen: Die Form öffnen und den Kuchen bei Zimmertemperatur etwa sechs Stunden auftauen lassen. In den Backofen schieben, auf 200 Grad/Gas Stufe 3 schalten und 50 Minuten backen. (Pro Stück ca. 380 Kalorien/1590 Joule)
Dazu: Schlagsahne

Pikanter Quarkkuchen mit Kohl

(Foto Seite 81; für 4 Portionen)

150 g Mehl, 100 g Butter oder Margarine, 1 Teel. Salz, 250 g Quark (20 %), 2 Teel. Tomatenmark, 2 Eier, 1 Becher saure Sahne (150 g), 1 Teel. Edelsüß-Paprika, frisch gemahlener Pfeffer, Zucker, 3–4 Weißkohl- oder Wirsingkohlblätter.

Mehl, Fett in Flöckchen und Salz zu einem Mürbeteig verkneten. 30 Minuten in den Kühlschrank stellen, Quark, Tomatenmark, Eier und saure Sahne verrühren. Mit Paprika, Pfeffer, Salz und Zucker abschmecken. Etwa zwei Drittel der Teigmenge in eine Aluform (Inhalt 1,4 Liter) drücken. Kohlblätter waschen und in Streifen schneiden. Die Hälfte davon auf den Teig geben. Restlichen Kohl mit der Quarkmasse vermischen. Auf den Kohl geben. Aus dem restlichen Teig auf bemehlter Arbeitsfläche kleine Rollen drehen und als Gitter auf den Kuchen legen. In den Backofen schieben, auf 200 Grad/Gas Stufe 3 schalten und eine Stunde zehn Minuten backen. Nach 30 Minuten mit Pergamentpapier abdecken. Abkühlen lassen, Form schließen, beschriften und einfrieren.

Lagerzeit: 6 Monate

Zum Essen: Form öffnen und bei Zimmertemperatur etwa drei Stunden antauen lassen. In den Backofen schieben, auf 150 Grad/Gas Stufe 2 schalten und 30 Minuten backen. (Pro Portion ca. 530 Kalorien/2218 Joule)

Pikanter Käsekuchen

(für 12 Stücke)

150 g Mehl, 75 g Butter oder Margarine, 1 Teel. Salz, 4 Eier, 30 g gesalzene Erdnüsse, 2 Zwiebeln, 2 Eßl. Semmelbrösel, 1 Becher Joghurt (10 %), 1 Becher Crème fraîche (150 g), 1/2 Bund Salbei, 200 g geriebener Käse, frisch gemahlener Pfeffer.

Mehl, Fett in Flöckchen, Salz, ein Ei und zwei Eßlöffel kaltes Wasser zu einem Mürbeteig verarbeiten. 30 Minuten kalt stellen. Erdnüsse im Blitzhacker zerkleinern oder sehr fein hacken. Zwiebeln abziehen und fein würfeln. Restliche Eigelb mit Erdnüssen, Zwiebeln, Semmelbrösel, Joghurt, Crème fraîche, Salbeiblättchen und Käse verrühren. Eiweiß steif schlagen und unterheben. Mit Pfeffer abschmecken. Den Teig ausrollen. Boden und Rand einer Aluform (Inhalt 1,4 Liter) mit dem Teig auslegen. In den Backofen schieben, auf 200 Grad/Gas Stufe 3 schalten und 15 Minuten vorbacken. Herausnehmen. Käsemasse daraufstreichen und bei gleicher Hitze 45 Minuten weiterbacken. Die letzten zehn Minuten mit Pergamentpapier abdecken. Abkühlen lassen. Die Form verschließen, beschriften und einfrieren.

Lagerzeit: 3 Monate

Zum Essen: Form öffnen. Bei Zimmertemperatur etwa drei Stunden auftauen lassen. Kalt essen oder im Backofen bei 150 Grad/Gas Stufe 1 etwa 15 Minuten aufbacken. (Pro Stück 270 Kalorien/1130 Joule)

Pikanter Käsekuchen

Spinatkuchen

(für 8 Stücke)

500 g Spinat, 250 g Mehl, etwa 3/8 l Milch, 4 Eßl. Öl, 100 g Quark (10 %), Salz, 2 Teel. Backpulver, Fett für die Form, 1 Knoblauchzehe, 30 g Butter oder Margarine, 2 Eier, 75 g Emmentaler Käse, Cayennepfeffer.

Spinat waschen, verlesen und gut abtropfen lassen. Grob hacken. 200 Gramm Mehl mit vier Eßlöffel Milch, Öl, Quark, Salz und Backpulver mit den Knethaken des Handrührgerätes verkneten. Boden und Rand einer gefetteten Aluform (Inhalt 1,4 Liter) mit dem Teig auslegen. Restliches Mehl und zerdrückten Knoblauch in heißem Fett andünsten. Einen Viertelliter Milch nach und nach zugießen. Bei kleiner Hitze fünf Minuten kochen. Abkühlen lassen. Eier und geriebenen Käse unter die Soße rühren. Mit Salz und Cayennepfeffer abschmekken. Spinat und Soße vermischen. Auf den Teigboden füllen. Die Form verschließen, beschriften und einfrieren.

Lagerzeit: 3 Monate

Zum Essen: Die Form öffnen. Den Kuchen etwa zwei Stunden bei Zimmertemperatur antauen lassen. In den Backofen schieben, auf 200 Grad/Gas Stufe 3 schalten und eine Stunde backen. (Pro Stück ca. 320 Kalorien/1340 Joule)

Blumenkohlkuchen mit Kasseler

(für 4 Portionen)

Teig: 200 g Mehl, 125 g Butter oder Margarine, 60 g Schmalz, Salz; Belag: 1 Blumenkohl, Salz, 30 g Butter oder Margarine, 1 Eßl. Mehl, Muskat, frisch gemahlener Pfeffer, 1 Ei, 2 Eßl. Schlagsahne, 250 g Kasseler Aufschnitt.

Mehl, Fett in Flöckchen, drei Eßlöffel kaltes Wasser und eine Messerspitze Salz schnell zu einem glatten Teig verrühren. Zugedeckt 30 Minuten kalt stellen. Inzwischen Blumenkohl waschen, putzen und in Röschen teilen. In gut einem Viertelliter Salzwasser zehn Minuten kochen. Abtropfen lassen. Fett erhitzen. Mehl darin andünsten. Einen Viertelliter Blumenkohlwasser unter Rühren zugießen. Aufkochen. Mit Salz, Muskat und Pfeffer abschmecken. Ei und Schlagsahne unterrühren. Kasseler in Streifen schneiden. Teig in zwei Portionen teilen. Jeweils eine Hälfte in eine Aluform (Inhalt 0,6 Liter) drücken. Blumenkohl und Kasseler darauf verteilen. Mit der Soße begießen. Abkühlen lassen. Formen verschließen, beschriften und einfrieren.

Lagerzeit: 3 Monate

Zum Essen: Form öffnen. Kuchen bei Zimmertemperatur ein bis zwei Stunden antauen lassen. In den Backofen schieben, auf 200 Grad/Gas Stufe 3 schalten und etwa 30 Minuten backen. (Pro Portion ca. 930 Kalorien/3892 Joule)

3.

*Kochen Sie, wenn Sie
Zeit und Lust dazu haben.
Hier finden Sie Rezepte für
die Vorratshaltung:
vom schnellen Familienessen
bis zum kompletten
Menü und sogar für viele
überraschende Gäste.
Außerdem können Sie viel
Geld sparen, wenn
Sie beim Einkaufen der
Zutaten Sonderange-
bote nutzen.*

Borschtsch
Jan. 84
Borschtsch
Jan. 84
Borschtsch
Jan. 84
Borschtsch
Jan. 84

Borschtsch (Seite 88), Kräuterbrötchen (Seite 140)

Suppen

Rindfleischbrühe

(für 2 Liter)

500 g Rindersuppenfleisch (z. B. Brust, Querrippe), 500 g Roastbeefknochen, Salz, 1 Bund Suppengrün, 2 Lorbeerblätter, je etwa 10 Pfeffer- und Pimentkörner.

Suppenfleisch und Knochen in zwei Liter Salzwasser bei kleiner Hitze langsam zum Kochen bringen. Suppengrün putzen, waschen und grob zerkleinern. Zusammen mit Lorbeerblättern, Pfeffer- und Pimentkörnern zufügen. Aufsteigenden Schaum abschöpfen. Bei kleiner Hitze im geschlossenen Topf zwei bis drei Stunden kochen lassen. Brühe duchsieben. Fleisch von Sehnen und Knochen lösen, kleinschneiden und eventuell zur Suppe geben. Brühe erkalten lassen und das erstarrte Fett abheben. In Gefrierdosen oder -beuteln verpacken, beschriften und einfrieren.

Lagerzeit: 6 Monate

Zum Essen: Brühe auftauen lassen oder gefroren bei ganz kleiner Hitze langsam erhitzen. (Ca. 1460 Kalorien/6111 Joule)

Abwandlungen:

Für Hühnerbrühe ein Suppenhuhn in gut zwei Liter Salzwasser mit einem Bund Suppengrün, Pfefferkörnern, Pimentkörnern und Lorbeerblatt zwei Stunden kochen.

Oder Fleischbrühe aus Rind- und Schweinefleisch kochen. Dazu 500 g Roastbeef- oder Markknochen mit 500 g Fleischknochen vom Schwein in gut zwei Liter Salzwasser mit zwei Zwiebeln, je zehn Nelken und Pfefferkörnern, Lorbeerblättern und einem Bund Suppengrün zwei bis drei Stunden kochen.

Für Wildbrühe 1 kg Hirsch- oder Rehknochen mit einem Bund Suppengrün, je zehn Wacholderbeeren, Piment- und Pfefferkörnern und zwei Lorbeerblättern in gut zwei Liter Salzwasser zwei Stunden kochen. Mit Sherry oder Portwein abschmecken.

Mit Markklößchen oder frischen Pilzen servieren

Brühen als Grundlage für Suppen und Soßen

Die Rezepte Fleischbrühe und Fischbrühe sind keine vollständigen Gerichte, sondern Grundlage für alle Suppen und Soßen. Außerdem können sie immer verwendet werden, wenn in Rezepten Instant-Brühe angegeben ist. Zum Einfrieren sollten Sie die Brühe immer entfetten, dann ist sie länger haltbar.

Fischbrühe

(für 2 Liter)

1 kg Fischabfälle (Köpfe, Gräten, Schwanzstücke), Salz, 2 Zwiebeln, 2 Möhren, 1 Porreestange, 2 Lorbeerblätter, etwa 10 Pfefferkörner.

Fischabfälle abspülen und in einen Topf geben. Gut zwei Liter Salzwasser zufügen. Zwiebeln abziehen und vierteln. Möhren und Porree waschen. Geschälten und geputzten Porree und Möhren in Stücke schneiden. Mit Lorbeerblättern und Pfefferkörnern zum Fisch geben. 20 Minuten bei kleiner Hitze kochen lassen. Durch ein Sieb gießen. Abgekühlt in Gefrierdosen oder -beuteln verpacken, beschriften und einfrieren.

Lagerzeit: 3 Monate

Zum Essen: Aufgetaute oder gefrorene Brühe bei kleiner Hitze langsam erhitzen. (Ca. 600 Kalorien/2512 Joule)

Ochsenschwanzsuppe

(für 12 Portionen)

250 g Möhren, 200 g Zwiebeln, 2 kg Ochsenschwanz (vom Fleischer in kleine Stücke hacken lassen), 5 Eßl. Öl, 1 Tube Tomatenmark (100 g), Salz, einige Pfefferkörner, eventuell 4 cl Sherry.

Möhren schälen und würfeln. Abgezogene Zwiebeln vierteln. Ochsenschwanzstücke in heißem Öl rundherum sehr kräftig anbraten. Möhren, Zwiebeln und Tomatenmark zugeben und noch kurz mitdünsten. Drei Liter Wasser zugeben. Mit Salz und Pfefferkörnern würzen. Aufkochen und im geschlossenen Topf drei Stunden kochen. Die Suppe durch ein Sieb gießen und entfetten. Fleisch von den Knochen lösen und zur Suppe geben. Suppe eventuell mit Sherry abschmecken. Abgekühlt in Gefrierdosen oder -beuteln verpacken, beschriften und einfrieren.

Lagerzeit: 3 Monate

Zum Essen: Suppe bei Zimmertemperatur sechs bis acht Stunden auftauen lassen. Erhitzen und nochmals abschmecken. (Pro Portion ca. 250 Kalorien/1047 Joule)

Borschtsch

(Foto Seite 84/85; für 10 Portionen)

1 Bund Suppengrün, Salz, einige Pfefferkörner, 1 kg Suppenfleisch, 1 kg rote Bete, 750 g Kartoffeln, 1 kleiner Weißkohl (etwa 1 kg), 4 Eßl. Öl, 1 Eßl. Instant-Brühe, frisch gemahlener Pfeffer, Zucker;
zum Essen: 2 Becher saure Sahne (je 150 g).

Suppengrün putzen und grob zerkleinern. In einem Liter Salzwasser mit Pfefferkörnern zum Kochen bringen. Fleisch zugeben und im geschlossenen Topf etwa eine Stunde 30 Minuten kochen. Rote Bete und Kartoffeln schälen und in Stifte schneiden. Vom Kohl die äußeren welken Blätter entfernen. Den Kohl vierteln und den Strunk herausschneiden. Kohl in Streifen schneiden. Rote Bete, Kartoffeln und Kohl in heißem Öl andünsten. Durchgesiebte Fleischbrühe und einen Liter Wasser zugeben. Mit Salz und Instant-Brühe würzen. Im geschlossenen Topf 20 Minuten kochen. Das Fleisch vom Knochen lösen und würfeln. Zum Gemüse geben und noch zehn Minuten weitergaren. Mit Salz, Pfeffer und etwas Zucker abschmecken. Abgekühlt in Gefrierdosen oder -beuteln verpacken, beschriften und einfrieren.
Lagerzeit: 3 Monate
Zum Essen: Borschtsch bei Zimmertemperatur sechs bis acht Stunden auftauen lassen. Erhitzen. Zum Essen auf jede Portion einen Löffel saure Sahne geben. (Pro Portion ca. 310 Kalorien/1295 Joule)

Zwiebelsuppe

(Foto Seite 89; für 8 Portionen)

1 kg Zwiebeln, 80 g Margarine, 2 l Fleisch- oder Hühnerbrühe (ersatzweise Instant-Brühe), Salz, frisch gemahlener Pfeffer;
zum Essen: 1 Baguette (250 g), 250 g Emmentaler oder Greyerzer Käse.

Zwiebeln abziehen und in Ringe schneiden. In heißer Margarine glasig dünsten. Brühe zufügen und mit Salz und Pfeffer würzen. 15 Minuten zugedeckt kochen. Abschmecken. Abkühlen lassen. In Gefrierdosen oder -beutel verpacken, beschriften und einfrieren.
Lagerzeit: 6 Monate
Zum Essen: Suppe bei Zimmertemperatur sechs bis acht Stunden auftauen lassen. In ofenfeste Tassen füllen. Baguette in Scheiben schneiden, auf jede Tasse drei bis vier Scheiben legen. Mit Käse bestreuen und unter dem Grill fünf Minuten überbacken. Oder in den Backofen schieben, auf 250 Grad/Gas Stufe 5 schalten und zehn Minuten überbacken. (Pro Portion ca. 340 Kalorien/1423 Joule)

Zwiebelsuppe

Tomatensuppe

(für 10 Portionen)

750 g Zwiebeln, 6 Knoblauchzehen, 100 g Butter oder Margarine, 3 kg Tomaten, 2 Lorbeerblätter, Salz, frisch gemahlener Pfeffer, 1 1/2 l Brühe (Instant), Zucker;
zum Essen: 1 Becher Schlagsahne (250 g), 1 Bund Basilikum (ersatzweise Petersilie).

Zwiebeln und Knoblauch abziehen und grob zerkleinern. In heißem Fett glasig dünsten. Tomaten waschen, vierteln und mit den Lorbeerblättern zufügen. Mit Salz und Pfeffer würzen. Im geschlossenen Topf 30 Minuten kochen. Durch ein Sieb streichen. Brühe zufügen. Mit Salz, Pfeffer und einer Prise Zucker abschmecken. Abkühlen lassen. In Plastikgefäße oder in einen großen Gefrierbeutel füllen, beschriften und einfrieren.

Lagerzeit: 6 Monate

Zum Essen: Suppe bei Zimmertemperatur etwa sechs Stunden auftauen lassen. Langsam erhitzen. Vor dem Servieren geschlagene Sahne und gehacktes Basilikum unterziehen. Nochmals mit Salz und Pfeffer abschmecken. (Pro Portion ca. 260 Kalorien/1088 Joule)

Dazu: Fleischklößchen (Seite 30)

Kerbelsuppe

(für 10 Portionen)

500 g Lauchzwiebeln, 200 g Möhren, 500 g Kartoffeln, 50 g Butter oder Margarine, 2 l Brühe (Instant), 300 g Kerbel, Salz, etwas Zitronensaft;
zum Essen: 1 Becher Schlagsahne (250 g), 3 Eigelb, Salz, 1 Prise Zucker.

Lauchzwiebeln putzen, waschen und in Stücke schneiden. Möhren und Kartoffeln schälen und würfeln. Gemüse und Kartoffeln in heißem Fett andünsten. Brühe zugießen und bei kleiner Hitze 30 Minuten kochen. Kerbel waschen, trockentupfen und hakken. Die Suppe im Mixer oder mit dem Schneidstab pürieren und wieder in den Topf geben. Kerbel zufügen und die Suppe mit Salz und Zitronensaft abschmecken. Abgekühlt in Gefrierdosen oder -beuteln verpacken, beschriften und einfrieren.

Lagerzeit: 3 Monate

Zum Essen: Suppe bei Zimmertemperatur etwa sechs Stunden auftauen lassen. Sahne und Eigelb unterrühren und die Suppe langsam erhitzen. Mit Salz und Zucker abschmecken. (Pro Portion ca. 205 Kalorien/858 Joule)

WICHTIG

Alle fertigen Gerichte vor dem Servieren noch einmal gründlich durchrühren und abschmecken.

Vorspeisen und kleine Gerichte

Leberterrine

(Foto Seite 92; für 12 Portionen)

125 g durchwachsener Speck, 250 g frischer Speck, 400 g Schweineleber, 1 Zwiebel, 2 Eier, 1 Eßl. Semmelbrösel, Salz, frisch gemahlener Pfeffer, eventuell 1 Eßl. Sherry, 1/2 Bund Majoran (ersatzweise 1 Teel. getrockneter);
zum Essen: 3 Blatt weiße Gelatine, 2 Teel. Instant-Brühe, eventuell 2 Eßl. Sherry, frisch gemahlener Pfeffer, 1 Zweig Majoran.

Speck, Leber und abgezogene Zwiebel zweimal durch den Fleischwolf geben. Mit Eiern und Semmelbrösel verrühren. Mit Salz, Pfeffer, Sherry und gehacktem Majoran würzen. Den Fleischteig in eine Terrine oder andere ofenfeste Form füllen. Die Form schließen. In die mit Wasser gefüllte Fettpfanne in den Backofen stellen. Auf 200 Grad/Gas Stufe 3 schalten und eine Stunde 30 Minuten garen. Abgekühlt aus der Form nehmen. In Alufolie verpacken, beschriften und einfrieren.
Lagerzeit: 3 Monate
Zum Essen: Die Terrine wieder in die Form setzen. Gelatine einweichen. Brühe in einem Viertelliter Wasser auflösen. Mit Sherry und Pfeffer kräftig abschmecken. Ausgedrückte Gelatine in der heißen Brühe auflösen. Majoranblättchen auf die Terrine legen. Gelierflüssigkeit darübergießen. Terrine über Nacht im Kühlschrank auftauen lassen. (Pro Portion ca. 230 Kalorien/962 Joule)
Dazu: Stangenweißbrot

Gefüllte Teigtaschen

(für 5 Stück)

Füllung: 200 g Schweineschnitzel, 2 Möhren (100 g), 150 g Sojasprossen, 2 Eßl. Öl, 4 Eßl. Sojasoße, Salz, Zucker, Cayennepfeffer; Teig: 100 g Mehl, 1 Ei, 1 Teel. Öl, 1 Prise Salz, Mehl zum Ausrollen; Fett zum Fritieren.

Fleisch in dünne Streifen schneiden. Möhren schälen und auf einer Rohkostreibe raffeln. Sojasprossen waschen und abtropfen lassen. Fleisch in heißem Öl braun braten. Möhren und Sojasprossen zufügen. Mit Sojasoße, Salz, Zucker und Cayennepfeffer würzen. Abkühlen lassen. Für den Teig Mehl, Ei, Öl und Salz verkneten. Teig portionsweise auf etwas Mehl sehr dünn ausrollen. Rechtecke (acht mal zwölf Zentimeter) ausschneiden. Die Füllung darauf verteilen. Aufrollen und die Enden ganz fest zusammendrücken. In reichlich heißem Fett zwei Minuten vorfritieren. Auf Küchenkrepp abtropfen lassen. In Alufolie, Gefrierdosen oder -beuteln verpacken, beschriften und einfrieren.
Lagerzeit: 3 Monate
Zum Essen: Aus der Verpackung nehmen und eine Stunde bei Zimmertemperatur antauen lassen. In heißem Fritierfett vier Minuten ausbacken. Oder in der Pfanne in heißem Fett von jeder Seite drei bis vier Minuten braten. (Pro Stück ca. 340 Kalorien/1423 Joule)
Dazu: Salat

Geflügelterrine, Leberterrine (Seite 91)

Geflügelterrine

(Foto Seite 92; für 10 Portionen)

4 Knoblauchzehen, 100 g Zwiebeln, 1 Brötchen, 600 g Putenbrust, 250 g frischer Speck, 150 g Putenleber, 20 g Butter, Salz, 100 g Champignons, 2 Eßl. Zitronensaft, 1 Bund Petersilie, 1/2 Becher Schmand (125 g; ersatzweise Crème fraîche), 50 g Pinienkerne (ersatzweise Mandelblättchen), frisch gemahlener Pfeffer, gemahlener Koriander, 250 g durchwachsener Speck in Scheiben;
zum Essen: 8 Blatt Gelatine, 400 ccm Brühe (Instant), 3 Zitronen, etwas Petersilie.

Knoblauch und Zwiebeln abziehen. Brötchen, Fleisch und frischen Speck in grobe Würfel schneiden. Mit Knoblauch und Zwiebeln durch den Fleischwolf geben oder im Blitzhacker zerkleinern. Putenleber in Stücke schneiden und in heißer Butter drei Minuten braten. Salzen. Champignons putzen, waschen und in Scheiben schneiden. Mit Zitronensaft beträufeln. Petersilie waschen und hacken. Mit Schmand, durchgedrehtem Fleisch, Champignons, Pinienkernen und Leber vermischen. Mit Salz, Pfeffer und Koriander abschmecken. Eine große ofenfeste Form (oder mehrere kleine) mit Speckscheiben auslegen. Fleischmasse hineinfüllen. Form verschließen. Die Fettpfanne des Backofens mit heißem Wasser füllen und die Form hineinsetzen. Backofen auf 200 Grad/Gas Stufe 3 schalten und die Terrine je nach Höhe der Form ein bis zwei Stunden garen. Abkühlen lassen und die Terrine aus der Form nehmen. Speckscheiben entfernen. Terrine in Alufolie verpacken, beschriften und einfrieren.
Lagerzeit: 3 Monate
Zum Essen: Gelatine in kaltem Wasser einweichen. Ausdrücken und in der Brühe und dem Saft einer Zitrone auflösen. Restliche Zitrone in Scheiben schneiden. In die zum Garen benutzte Form legen. Gelierflüssigkeit etwa einen halben Zentimeter hoch eingießen. Petersilie darauf anrichten und fest werden lassen. Gefrorene Terrine aus der Alufolie nehmen und hineinsetzen. Mit der restlichen Gelierflüssigkeit begießen und über Nacht im Kühlschrank auftauen. Zum Essen die Terrine auf eine Platte stürzen. (Pro Portion ca. 570 Kalorien/2386 Joule)
Dazu: Weißbrot

Gefüllte Champignons

(für 10 Portionen)

200 g gekochter Schinken, 200 g Emmentaler Käse, 2 Eier, 5 Eßl. Schlagsahne, 1 Bund Petersilie, 750 g große Champignons, Salz;
zum Essen: Fett für die Form.

Schinken und Käse sehr fein würfeln oder im Blitzhacker zerkleinern. Mit Eiern, Sahne und gehackter Petersilie vermischen. Champignons putzen und waschen. Den Stiel auslösen und anderweitig verwenden. Die Lamellen herauskratzen. Pilze in kochendes Salzwasser geben und drei Minuten sprudelnd kochen. Abtropfen lassen. Champignons mit der Schinkenmasse füllen. Nebeneinander auf eine Platte setzen und zwei Stunden vorgefrieren. In Alufolie oder Gefrierbeuteln verpacken, beschriften und einfrieren.
Lagerzeit: 3 Monate
Zum Essen: Champignons in eine gefettete, ofenfeste Form setzen. In den Backofen schieben, auf 200 Grad/Gas Stufe 3 schalten und 20 Minuten backen. (Pro Portion ca. 220 Kalorien/921 Joule)
Dazu: Stangenweißbrot oder Toastbrot

Gefüllte Wirsingrollen

(für 4 Portionen)

4 Seezungenfilets (etwa 250 g), 2 Eier, 1 Bund Dill, eventuell 1 Eßl. Cognac, 2 Eßl. Semmelbrösel, Salz, frisch gemahlener Pfeffer, Zitronensaft, 4 große Wirsingkohlblätter (ersatzweise Weißkohlblätter);
zum Essen: 1/8 l Wein (ersatzweise Wasser und Zitronensaft), Salz, Zucker.

Seezungenfilets durch den Fleischwolf geben oder im Blitzhacker zerkleinern. Fischmus mit Eiern, gehacktem Dill, Cognac und Semmelbrösel vermischen. Mit Salz, Pfeffer und Zitronensaft kräftig abschmecken. Zehn Minuten stehenlassen. Inzwischen Kohlblätter in Salzwasser drei Minuten sprudelnd kochen. Herausnehmen und abkühlen lassen. Kohlblätter ausbreiten und die Fischmasse darauf verteilen. Aufrollen und mit Küchenband binden. In Alufolie, Gefrierdosen oder -beuteln verpacken, beschriften und einfrieren.
Lagerzeit: 3 Monate
Zum Essen: Aus der Verpackung nehmen und bei Zimmertemperatur zwei Stunden auftauen lassen. Wein mit etwas Salz und Zucker erhitzen und die Rollen hineingeben. Im geschlossenen Topf fünf Minuten dünsten. (Pro Portion ca. 180 Kalorien/753 Joule)
Dazu: Buttertoast

Kalbsragout in Blätterteigpasteten

(für 6 Portionen)

1 Bund Suppengrün, 500 g Kalbfleisch, Salz, einige Pfeffer- und Pimentkörner, 1 Lorbeerblatt, 200 g Champignons, 1/2 Zitrone, 60 g Butter, 60 g Mehl, 1 Becher Schlagsahne (200 g), 1 Röhrchen Kapern (20 g), frisch gemahlener Pfeffer, Worcestersoße;
zum Essen: 6 Blätterteigpasteten, 1 Zitrone.

Suppengrün putzen, waschen und in grobe Stücke schneiden. Mit dem Fleisch, Salz, Pfeffer- und Pimentkörnern und dem Lorbeerblatt in einem Liter Wasser zum Kochen bringen. Eine Stunde 30 Minuten kochen. Durch ein Sieb gießen und einen dreiviertel Liter Brühe abmessen. Champignons putzen, waschen und in Scheiben schneiden. Mit Zitronensaft beträufeln. Butter erhitzen. Mehl darin andünsten. Brühe und Sahne unter Rühren zugießen. Fünf Minuten kochen lassen. Fleisch in feine Würfel schneiden und zusammen mit Kapern und Champignons zufügen. Aufkochen lassen. Mit Salz, Pfeffer und Worcestersoße abschmecken. Abkühlen lassen, in Gefrierdosen oder -beuteln verpacken, beschriften und einfrieren.

Lagerzeit: 3 Monate

Zum Essen: Ragout bei Zimmertemperatur etwa fünf Stunden auftauen lassen. Im Wasserbad oder auf kleinster Hitze erhitzen, dabei umrühren, das Ragout brennt leicht an. Pasteten in den Backofen schieben, auf 250 Grad/Gas Stufe 5 schalten und acht Minuten aufbacken. Ragout in die Pasteten füllen und mit Zitronenschnitzen servieren. (Pro Portion ca. 650 Kalorien/2721 Joule)

Buttermischungen geben den besonderen Pfiff

Kräuterbutter und andere Buttermischungen, zum Beispiel Zitronenbutter oder Knoblauchbutter, runden viele Gerichte ab. Deshalb lohnt es sich, einen kleinen Vorrat davon einzufrieren.

Kräuterbutter: 250 Gramm Butter mit je einem Bund gehackter glatter Petersilie, Schnittlauch, Dill, einem Teelöffel Salz und frisch gemahlenem Pfeffer verkneten. Zwischen Pergamentpapier zu einer Rolle formen und portionsweise in Alufolie verpacken.

Zitronenbutter: 250 Gramm Butter mit der abgeriebenen Schale von zwei Zitronen, dem Saft von einer Zitrone, Salz, frisch gemahlenem Pfeffer und einer Prise Zucker verkneten. Wie oben angegeben weiterverarbeiten.

Knoblauchbutter: 250 Gramm Butter mit vier zerdrückten Knoblauchzehen und etwas Salz verkneten. Wie oben angegeben weiterverarbeiten.

Fischfrikadellen, Fisch-Spieß, Gefüllte Heringe (Seite 98)

Hauptgerichte mit Fisch

Fischfrikadellen

(Foto Seite 96; für 12 Stück)

2 Brötchen, 1/8 l Milch, 2 Bund Petersilie, 200 g Porree, 30 g Butter oder Margarine, 3 Knoblauchzehen, 750 g Fischfilet (z. B. Lengfisch, Rotbarsch, Seelachs), 250 g Räucherfisch, 2 Eier, 20 schwarze Oliven, 1 Zitrone, Salz, frisch gemahlener Pfeffer, 6 Eßl. Öl.

Brötchen grob zerkleinern. Milch darübergießen und zehn Minuten stehenlassen. Petersilie waschen und hacken. Porree putzen, waschen und in Ringe schneiden. In heißem Fett andünsten. Knoblauchzehen abziehen. Zusammen mit der Petersilie, dem Fisch und den eingeweichten Brötchen durch den Fleischwolf geben oder im Blitzhacker zerkleinern. Eier und Porree untermischen. Oliven entsteinen und fein hacken, ebenfalls unterrühren. Die Masse mit Zitronensaft, Salz und Pfeffer abschmecken. Zwölf Frikadellen daraus formen und in heißem Öl von jeder Seite vier Minuten braten. Oder ungebraten in Alufolie oder Gefrierbeuteln verpacken, beschriften und einfrieren.

Lagerzeit: 3 Monate

Zum Essen: Frikadellen bei Zimmertemperatur ein bis zwei Stunden auftauen lassen. Gebratene Frikadellen im Backofen bei 200 Grad/Gas Stufe 3 15 Minuten erhitzen oder ungebratene, aufgetaute Frikadellen wie oben beschrieben in Öl braten. (Stück ca. 250 Kalorien/1047 Joule)

Dazu: Senfsoße (Seite 38)

Fisch-Spieß

(Foto Seite 96; für 1 Portion)

100 g Rotbarschfilet, 1 Heringsfilet, 1/2 Zitrone, 1/4 Paprikaschote, 1 Zwiebel; zum Essen: 30 g Margarine, Salz.

Fisch abspülen und mit Zitronensaft beträufeln. Paprika waschen und in mundgerechte Stücke schneiden. Zusammen mit der abgezogenen Zwiebel zwei Minuten sprudelnd kochen. Herausnehmen und abtropfen lassen. Zwiebel vierteln. Fisch trockentupfen und zusammen mit Paprika und Zwiebel abwechselnd auf einen Holzspieß stekken. In Alufolie oder Gefrierbeuteln verpacken, beschriften und einfrieren.

Lagerzeit: 3 Monate

Zum Essen: Spieß bei Zimmertemperatur etwa eine Stunde auftauen. In heißem Fett von allen Seiten etwa vier Minuten braten oder auf Alufolie legen und von jeder Seite fünf Minuten grillen. Salzen. (Ca. 520 Kalorien/2197 Joule)

Dazu: Tomatensoße (Seite 40)

Gefüllte Heringe

(Foto Seite 96; für 8 Portionen)

2 Zitronen, 8 küchenfertige, entgrätete Heringe, 2 Zwiebeln, 2 Bund Petersilie, 2 Bund Dill, 1 Dose Tomatenmark (70 g), 2 Eßl. Sardellenpaste, Salz, frisch gemahlener Pfeffer, 8 Scheiben Frühstücksspeck (Bacon); zum Essen: 4 Eßl. Öl.

Eine Zitrone heiß abwaschen und dünn abschälen. Schale fein hacken. Beiseite legen. Heringe waschen, trockentupfen und mit dem Saft der beiden Zitronen beträufeln. Zehn Minuten stehenlassen. Zwiebeln abziehen und würfeln. Kräuter waschen und fein hacken. Mit Zwiebelwürfeln, Zitronenschale, Tomatenmark, Sardellenpaste, Salz und Pfeffer verrühren. Heringe trockentupfen und salzen. In jeden Hering etwa einen Eßlöffel Füllung geben. Speck der Länge nach halbieren und jeden Hering mit zwei Speckstreifen umwickeln. In Alufolie oder Gefrierbeutel verpacken, beschriften und einfrieren.

Lagerzeit: 3 Monate

Zum Essen: Heringe bei Zimmertemperatur zwei Stunden auftauen. In der Pfanne in heißem Öl von jeder Seite drei Minuten braten. Oder mit Öl bestreichen und unter dem Grill von jeder Seite zwei Minuten grillen. (Pro Portion ca. 400 Kalorien/1674 Joule)

Dazu: Kartoffelsalat oder Brot

Fischhackbraten mit Kapern

(für 4 Portionen)

600 g Fischfilet (Lengfisch, Rotbarsch, Seelachs), 2 Eßl. Essig, 2 Zwiebeln, 1 Dose Tomatenmark (70 g), 1 Ei, 3 Eßl. Semmelbrösel, 1 Döschen Kapern (50 g), 1 Eßl. eingelegte grüne Pfefferkörner, 1 Eßl. Edelsüß-Paprika, Salz, 1 Teel. Öl.

Fisch waschen, trockentupfen und mit Essig beträufeln. Zehn Minuten stehenlassen. Fisch und abgezogene Zwiebeln durch den Fleischwolf geben oder im Blitzhacker zerkleinern. Fischmasse mit Tomatenmark, Ei, Semmelbrösel, Kapern und Pfefferkörnern mischen. Mit Paprika und Salz abschmecken. Fischmasse zu einem Braten formen. Ein Stück Alufolie fetten und den Fischbraten darauflegen. Folie zusammenfalten, beschriften und einfrieren.

Lagerzeit: 3 Monate

Zum Essen: Fischbraten in der Alufolie zwei bis drei Stunden bei Zimmertemperatur auftauen lassen. In den Backofen schieben. Auf 200 Grad/Gas Stufe 3 schalten und eine Stunde backen. Alufolie öffnen und den Braten noch zehn Minuten weitergaren. (Pro Portion ca. 350 Kalorien/1367 Joule)

Dazu: Kapernsoße (Seite 40)

Hauptgerichte mit Schwein, Rind, Lamm

Schweinebauchrouladen

(für 6 Portionen)

6 Scheiben Schweinebauch (je 200 g), Salz, frisch gemahlener Pfeffer, 3 Teel. Senf, 3 große Zwiebeln, 1 Bund Majoran, 1/8 l Brühe (Instant).

Fleischscheiben salzen, pfeffern und mit Senf bestreichen. Zwiebeln abziehen und grob würfeln. Majoranblättchen abzupfen und etwas zerkleinern. Zwiebeln und Majoran auf dem Fleisch verteilen. Fleisch aufrollen und mit Küchenband binden. Rouladen bei kleiner Hitze ohne Fett langsam rundherum braun anbraten. Brühe zugießen und in der geschlossenen Pfanne bei kleiner Hitze 20 Minuten garen. Flüssigkeit in der offenen Pfanne einkochen. Rouladen abkühlen lassen. In Gefrierdosen oder -beuteln verpacken, beschriften und einfrieren.

Lagerzeit: 3 Monate

Zum Essen: Rouladen aus der Verpackung nehmen und bei Zimmertemperatur etwa drei Stunden auftauen lassen. Bei kleiner Hitze langsam erhitzen oder auf Gemüse (z. B. Sauerkraut oder Rotkohl) legen und erhitzen. (Pro Portion ca. 690 Kalorien/2888 Joule)

Dazu: gedünstete rote Bete (Seite 52)

Schweinerippchen mit Gemüse

(für 4 Portionen)

250 g Zwiebeln, 2 Knoblauchzehen, 750 g Paprikaschoten, 250 g Zucchini, 2 kg Schälrippen, Salz, frisch gemahlener Pfeffer, 4 Eßl. Öl, 1/2 Zitrone;
zum Essen: 1 Bund Schnittlauch.

Abgezogene Zwiebeln und Knoblauch würfeln. Paprika putzen, waschen und in Stücke schneiden. Zucchini abspülen und in Scheiben schneiden. Rippen mit Salz und Pfeffer einreiben. Von beiden Seiten in heißem Öl anbraten. Herausnehmen. Zwiebeln und Knoblauch im Bratfett glasig dünsten. Gemüse zugeben und kurz mit andünsten. Salzen und pfeffern. Einen Achtelliter Wasser und Zitronensaft zugeben. Die Rippen auf das Gemüse legen. Im geschlossenen Topf 40 Minuten schmoren. Das Fleisch eventuell von den Knochen lösen und in Streifen schneiden. Zum Gemüse geben. Abkühlen lassen. In Gefrierdosen oder -beuteln verpacken, beschriften und einfrieren.

Lagerzeit: 3 Monate

Zum Essen: Aus der Verpackung nehmen und bei Zimmertemperatur etwa drei Stunden auftauen lassen. Im geschlossenen Topf bei kleiner Hitze langsam erhitzen. Mit Schnittlauchröllchen bestreuen. (Pro Portion ca. 1010 Kalorien/4227 Joule)

Dazu: Reis oder Kartoffelbrei

Geschmorte Hochrippe

(für 6 Portionen)

500 g Schalotten, 2 kg Hochrippe, Salz, frisch gemahlener Pfeffer, 4 Eßl. Öl, 1/2 l Brühe (Instant), je 1 Teel. Nelken und Pimentkörner, 1 Zitrone, 1 kleines Glas Preiselbeeren (200 g), 1 Becher Schlagsahne (200 g).

Schalotten einritzen, mit kochendem Wasser überbrühen und aus der Schale drücken. Hochrippe salzen und pfeffern. In heißem Öl von jeder Seite braun anbraten. Schalotten zugeben und mit anbraten. Brühe, Nelken und Pimentkörner zufügen. Zitrone heiß abwaschen, Schale dünn abschälen und in kleine Stücke schneiden. Zufügen. Im geschlossenen Topf zwei Stunden schmoren. Fleisch und Schalotten herausnehmen. Zitronensaft, Preiselbeeren und Sahne in den Schmorsud rühren. Mit Salz und Pfeffer abschmecken. Fleisch, Schalotten und Soße zusammen in Gefrierdosen oder -beuteln verpacken, beschriften und einfrieren.

Lagerzeit: 3 Monate

Zum Essen: Aus dem Beutel nehmen und bei Zimmertemperatur zwei bis drei Stunden auftauen lassen. Bei kleiner Hitze in der Soße erwärmen. (Pro Portion ca. 920 Kalorien/3851 Joule)

Dazu: Kohlrabi in Sahne (Seite 51) oder glasierte Zwiebeln (Seite 54)

Lammkeule mit Gemüse

(Foto Seite 101; für 6 Portionen)

1 Lammkeule (etwa 2 kg), 4 Eßl. Olivenöl, Salz, frisch gemahlener Pfeffer, 4 Knoblauchzehen, 1 Zweig Rosmarin;
zum Essen: 1 kg Kartoffeln, 3/8 l trockener Weißwein (ersatzweise Brühe), 4 Bund Lauchzwiebeln à 200 g, 750 g Tomaten, Salz, Pfeffer, 200 g Schafkäse, 1 Zweig Rosmarin.

Von der Lammkeule das Fett bis auf eine dünne Schicht abschneiden. Öl mit Salz, Pfeffer, zerdrücktem Knoblauch und gehackten Rosmarinnadeln verrühren. Die Lammkeule damit einreiben und zugedeckt über Nacht kalt stellen. Fleisch in einen Bräter legen. Verschließen. In den Backofen schieben, auf 200 Grad/Gas Stufe 3 schalten und zwei Stunden braten. Herausnehmen und abkühlen lassen. In Alufolie oder Gefrierbeutel verpacken, beschriften und einfrieren.

Lagerzeit: 3 Monate

Zum Essen: Lammkeule aus der Verpackung nehmen und in einen Bräter legen. Sechs bis acht Stunden bei Zimmertemperatur auftauen lassen. Geschälte Kartoffeln und Wein zum Fleisch geben. In den Backofen schieben, auf 200 Grad/Gas Stufe 3 schalten und 40 Minuten garen. Lauchzwiebeln putzen und waschen. Tomaten und Lauchzwiebeln zum Fleisch geben. Salzen und pfeffern. Zerbröckelten Schafkäse und Rosmarin darüberstreuen und noch 20 Minuten garen. (Pro Portion ca. 1080 Kalorien/4520 Joule)

Dazu: Baguette und Salat

Lammkeule mit Gemüse

Gefüllte Lammrolle

(für 6 Portionen)

2 Brötchen, 1/8 l Milch, 1,2 kg Lammschulter (für einen Rollbraten zurechtschneiden lassen), Salz, frisch gemahlener Pfeffer, 1 Eßl. Tomatenmark, 1 Eßl. Worcestersoße, 1 Ei, 1 Zweig Salbei, 50 g durchwachsener Speck, 3 Zwiebeln, 3 Knoblauchzehen, 20 g Butter oder Margarine, 1 Eßl. Senf, 4 Eßl. Olivenöl, 1/8 l Weißwein (ersatzweise Apfelsaft), 1/4 l Brühe (Instant), 1 Eßl. Mehl.

Brötchen grob zerkleinern und mit Milch begießen. Fleisch salzen und pfeffern. Mit Tomatenmark bestreichen. Brötchen ausdrücken und mit Worcestersoße, Ei und gehackten Salbeiblättchen verrühren. Speck-, Zwiebel- und Knoblauchwürfel in heißem Fett glasig dünsten. Zu der Brötchenmasse geben. Mit Salz, Pfeffer und Senf abschmecken. Auf das Fleisch streichen. Aufrollen und zusammenbinden. In heißem Öl anbraten. Wein und Brühe zugießen und zugedeckt eine Stunde 45 Minuten schmoren. Fleisch herausnehmen. Bratsud durch ein Sieb gießen. Mehl mit etwas Wasser anrühren. Zum Bratsud geben, aufkochen lassen und abschmecken. Fleisch und Soße portionsweise in Gefrierdosen oder -beuteln verpacken, beschriften und einfrieren.

Lagerzeit: 3 Monate

Zum Essen: Aus dem Beutel nehmen und etwa zwei Stunden auftauen. Fleisch bei kleiner Hitze in der Soße erwärmen. (Pro Portion ca. 775 Kalorien/3244 Joule)

Drei Braten auf einem Rost

Ideal für ein kaltes Büfett oder für eine große Mittagstafel: Schweinebraten, Rinderbraten und Kasseler werden zusammen im Backofen gegart. Das spart Zeit und Energie. Selbstverständlich können Sie die Braten auch portionsweise einfrieren und verbrauchen. Sie schmecken warm und kalt.

Schweinebraten mit Kruste

(für 10 Portionen)

2,5 kg Schweineschinken, Salz, frisch gemahlener Pfeffer, 1 Eßl. Kümmel;
zum Essen: 100 ccm Malzbier.

Rinderbraten

(für 6 Portionen)

1 Zweig Rosmarin, 5 Knoblauchzehen, frisch gemahlener Pfeffer, Salz, 1,5 kg Rinderschmorbraten (Keule, Hüfte), 6 Scheiben fetter Speck (200 g).

Kasselerbraten

(für 10 Portionen)

2 kg Kasseler (Kotelettstück mit Knochen), frisch gemahlener Pfeffer;
zum Essen: 2 Eßl. Johannisbeergelee, 1/2 Zitrone.

Schweinefleisch mit der Schwarte nach unten in einem Liter Wasser 30 Minuten kochen. Herausnehmen. Die Schwarte kreuzweise einschneiden. Salz, Pfeffer und Kümmel mischen und das Fleisch rundherum damit einreiben. Auf den Rost des Backofens (Fettpfanne darunter) legen und in den Backofen schieben. Auf 200 Grad/Gas Stufe 3 schalten und zwei Stunden braten. Rosmarinnadeln abstreifen und fein hacken. Knoblauchzehen abziehen, zerdrücken und mit den Rosmarinnadeln, Salz und Pfeffer verrühren. Das Rindfleisch damit einreiben. Mit Speckscheiben belegen. Den Braten mit Küchenband binden. Zum Schweinebraten geben. Eine Stunde weiterbraten. Schweinebraten zwischendurch mit Wasser begießen. Kasseler mit Pfeffer einreiben und ebenfalls zufügen. Eine weitere Stunde braten. Vom Rinderbraten die Speckscheiben abnehmen. Rinderbraten in Alufolie verpacken und auskühlen lassen. Die anderen Braten ebenfalls abkühlen lassen. Kasseler vom Knochen lösen. Kasseler und Schweinebraten getrennt in Alufolie verpacken. Alle drei Braten beschriften und einfrieren.
Halbarkeit: 3 Monate
Zum Essen: Die Braten aus der Verpackung nehmen und bei Zimmertemperatur etwa acht Stunden auftauen lassen. Schweinebraten mit Malzbier bestreichen. Johannisbeergelee mit Zitronensaft verrühren und auf den Kasselerbraten streichen. Beide Braten auf den Rost des Backofens legen, in den Backofen schieben und auf 225 Grad/Gas Stufe 4 schalten. 30 Minuten braten. Abkühlen lassen und zusammen mit dem Rinderbraten kalt als Aufschnitt servieren.
(Schweinebraten pro Portion ca.
315 Kalorien/1318 Joule
Rinderbraten pro Portion ca.
605 Kalorien/2532 Joule
Kasselerbraten pro Portion ca.
500 Kalorien/2093 Joule)

Sie können die Braten selbstverständlich auch einzeln braten.

Garzeit	für Schweinebraten:	4 Stunden
	für Rinderbraten:	2 Stunden
	für Kasseler:	1 Stunde

Wenn Sie die Braten heiß servieren wollen, erhöht sich die Bratzeit nach dem Auftauen auf eine Stunde.
Zum Schweinebraten gedünstete rote Bete (Seite 52) oder glasierte Zwiebeln (Seite 54) servieren
Zum Rinderbraten glasierte Zwiebeln (Seite 54), Meerrettichsoße (Seite 38) oder Sahnelinsen (Seite 51) servieren
Zum Kasselerbraten glasierte Zwiebeln (Seite 54), Sahnelinsen (Seite 51) oder Kürbisgemüse (Seite 54) servieren

Riesenroulade

(für 8 Portionen)

1,5 kg Rinderroulade (vom Fleischer so schneiden lassen, daß ein großes, zusammenhängendes Stück entsteht), 2 Eßl. Senf, Salz, frisch gemahlener Pfeffer, 1 Eßl. Edelsüß-Paprika, 1 altbackenes Brötchen, 4 Zwiebeln, 2 Kalbsbratwürstchen, 2 Gewürzgurken (70 g), 500 g Schweinemett, 3 Eßl. Semmelbrösel, 1 Ei, 6 Eßl. Öl, 1 Eßl. Mehl, 1/4 l Rotwein (ersatzweise Brühe), 1 Bund Suppengrün, 1 Becher Crème fraîche (150 g).

Fleischstück mit Senf bestreichen und mit Salz, Pfeffer und einem halben Eßlöffel Paprika bestreuen. Brötchen einweichen. Zwiebeln abziehen und würfeln. Aus den Kalbswürstchen Brät herausdrücken und auf das Fleisch streichen. Gurken würfeln und daraufstreuen. Brötchen ausdrücken und mit Zwiebelwürfeln, Mett, Semmelbrösel und Ei verkneten. Mit Salz, Pfeffer und restlichem Paprika würzen. Auf die Gurken streichen. Fleisch zu einer Rolle formen. Mit Küchenband zusammenbinden. Öl in einem Bräter erhitzen und die Fleischrolle rundherum anbraten. Mehl darüberstreuen, Rotwein und einen Achtelliter Wasser zufügen. Suppengrün putzen, waschen und kleinschneiden. Ebenfalls zufügen. Im geschlossenen Bräter zwei Stunden schmoren. Zwischendurch wenden. Fleisch herausnehmen und abkühlen lassen. Schmorsud durch ein Sieb streichen. Mit Crème fraîche verrühren, eventuell noch etwas Wasser zufügen. Mit Salz und Pfeffer abschmecken. Fleisch portionsweise mit Soße in Gefrierdosen oder -beuteln verpacken, beschriften und einfrieren (oder das Fleisch im ganzen in einem Gefrierbeutel oder in Alufolie verpacken, die Soße extra in einer Gefrierdose).

Lagerzeit: 3 Monate

Zum Essen: Aus dem Beutel nehmen und bei Zimmertemperatur zwei bis drei Stunden auftauen lassen. Bei kleiner Hitze in der Soße erwärmen. (Das ganze Fleischstück etwa sechs Stunden auftauen lassen. Mit Folie abgedeckt im Backofen bei 200 Grad/Gas Stufe 3 20 Minuten erwärmen. Soße getrennt erhitzen). (Pro Portion ca. 540 Kalorien/3516 Joule)

Dazu: Kohlrabi in Sahne (Seite 51)

Hauptgerichte mit Wild und Geflügel

Geschmorte Putenkeule

(für 5 Portionen)

5 Knoblauchzehen, 200 g Zwiebeln, 1 Putenoberkeule (etwa 1 kg), 2 Eßl. Senf, Salz, frisch gemahlener Pfeffer, 1 Eßl. Edelsüß-Paprika, 2 Eßl. Öl, 1/2 l Gemüsesaft (Dose oder Glas), grob gemahlener Pfeffer;
zum Essen: 2 Stangen Porree, 1 Becher Crème fraîche (150 g), Salz, frisch gemahlener Pfeffer.

Knoblauch und Zwiebeln abziehen. Zwei Knoblauchzehen in Stifte schneiden. Zwiebeln vierteln. Knoblauchstifte am Knochen entlang in das Fleisch schieben. Restlichen Knoblauch zerdrücken und mit Senf, Salz, Pfeffer und Paprika verrühren. Das Fleisch damit bestreichen. In heißem Öl braun anbraten. Gemüsesaft und Pfeffer zufügen und zugedeckt eine Stunde 15 Minuten schmoren. Abkühlen lassen. Knochen herauslösen. Fleisch und Soße portionsweise in Gefrierdosen oder -beuteln verpacken, beschriften und einfrieren.

Lagerzeit: 3 Monate

Zum Essen: Aus der Verpackung nehmen und etwa zwei Stunden bei Zimmertemperatur auftauen lassen. Porree putzen, waschen und in Ringe schneiden. Putenkeule in der Soße erhitzen. Porreeringe und Crème fraîche zufügen. Einmal aufkochen lassen. Mit Salz und Pfeffer abschmecken. (Pro Portion ca. 430 Kalorien/1799 Joule)

Dazu: Reis und Salat

Geschmorte Zitronenpoularde

(für 4 Portionen)

1 küchenfertige Poularde (etwa 1,3 kg), 4 Zwiebeln, 4 Eßl. Öl, 2 Zitronen, 1/2 l Hühnerbrühe (Instant), 2 Teel. eingelegte grüne Pfefferkörner, 2 Teel. Mehl; zum Essen: 2 grüne Paprikaschoten, 20 g Butter oder Margarine, 1/2 Becher Schlagsahne (100 g), Salz, frisch gemahlener Pfeffer.

Poularde abspülen, trockentupfen und in sechs Teile zerlegen. Zwiebeln abziehen und vierteln. Fleischstücke in heißem Öl von allen Seiten braun braten. Zwiebeln, Zitronensaft, Hühnerbrühe und Pfeffer zum Fleisch geben. In der geschlossenen Pfanne 45 Minuten schmoren. Mehl in 100 Kubikzentimeter Wasser anrühren, zufügen und aufkochen, abkühlen lassen. Portionsweise in Gefrierdosen oder -beuteln verpacken, beschriften und einfrieren.

Lagerzeit: 3 Monate

Zum Essen: Aus der Verpackung nehmen und bei Zimmertemperatur etwa drei Stunden auftauen lassen. Paprika putzen, waschen und fein würfeln. In heißem Fett andünsten. Fleisch, Soße und Sahne zufügen. Aufkochen lassen. Mit Salz und Pfeffer abschmecken. (Pro Portion ca. 660 Kalorien/2762 Joule)

Abwandlung: Die Paprikaschoten können durch dünne Möhrenscheiben, in Streifen geschnittenen Wirsingkohl oder durch Champignons ersetzt werden.

Gefüllte Gans

Gefüllte Gans

(Foto Seite 106; für 8 Portionen)

1 küchenfertige Gans (etwa 3 kg), Salz, 100 g durchwachsener Speck, 2 Zwiebeln, 3 Äpfel, 50 g Rosinen, 1 Bund Majoran, 3 Eßl. Semmelbrösel, frisch gemahlener Pfeffer; zum Essen: 1 Eßl. Mehl.

Gans abspülen und trockentupfen. Innen und außen salzen. Für die Füllung den Speck und abgezogene Zwiebeln würfeln. Speck bei kleiner Hitze langsam ausbraten. Herausnehmen. Zwiebelwürfel im Speckfett glasig dünsten. Äpfel schälen, vierteln, entkernen und würfeln. Speck mit Äpfeln, Rosinen, Zwiebeln, Majoranblättchen und Semmelbrösel vermischen. Mit wenig Salz und Pfeffer abschmecken. Die Gans damit füllen und zustecken. Oder die Gans mit Kartoffelfüllung füllen. Gans auf den Rost (Fettpfanne darunter) legen und in den Backofen schieben. Auf 200 Grad/Gas Stufe 3 schalten und zwei Stunden 30 Minuten braten. Gans herausnehmen und abkühlen lassen. Bratensud in Gefrierdose oder -beutel verpacken. Die Gans in Alufolie oder Gefrierbeutel verpacken, beschriften und einfrieren.

Lagerzeit: 3 Monate

Zum Essen: Gans aus der Verpackung nehmen und sechs bis acht Stunden bei Zimmertemperatur auftauen lassen. Auf den Bratenrost legen. Bratensud in die Fettpfanne geben. Zusammen in den Backofen schieben, auf 200 Grad/Gas Stufe 3 schalten und eine Stunde braten. Bratensatz mit einem Viertelliter Wasser aufkochen. Das Fett abschöpfen. Mit angerührtem Mehl binden und abschmecken. (Pro Portion ca. 1160 Kalorien/4855 Joule)

Dazu: Salzkartoffeln oder Kartoffelknödel (Seite 31) und Gemüse

Kartoffelfüllung

500 Gramm Kartoffeln mit Schale in Salzwasser 25 Minuten kochen. Abkühlen lassen und die Schale abziehen. Kartoffeln würfeln. 200 Gramm Zwiebeln abziehen und in Ringe schneiden. In 20 Gramm heißer Butter oder Margarine glasig dünsten. Kartoffeln mit Zwiebeln, zwei Bund gehackter Petersilie, einem Teelöffel Edelsüß-Paprika und Salz vermischen. In die Gans füllen. Zustecken und weiterverarbeiten wie beschrieben.

Wildschweinrücken mit Orangen

Wildschweinrücken mit Orangen

(Foto Seite 108; für 6 Portionen)

4 Orangen, 5 Zwiebeln (150 g), 1 Wildschweinrücken (etwa 2 kg), je 10 Wacholderbeeren, Piment- und Pfefferkörner und Nelken, Salz, 4 Eßl. Öl, 1/4 l Brühe (Instant), 6 dünne Scheiben fetter Speck;
zum Essen: 200 g Champignons, 50 g Butter, 1 Becher Schlagsahne (250 g), Salz, frisch gemahlener Pfeffer, 1 Bund Petersilie.

Eine Orange heiß abwaschen, trockenreiben und die Schale hauchdünn abschälen. Die Hälfte davon in dünne Streifen schneiden. Zwiebeln abziehen. Eine Zwiebel in Stifte schneiden, restliche Zwiebeln halbieren. Vom Wildschweinrücken überschüssiges Fett abschneiden. Links und rechts am Mittelknochen entlang mehrmals mit einem spitzen Messer einstechen. In die Öffnungen Orangenschale und Zwiebelstifte stecken. Wacholderbeeren, Piment- und Pfefferkörner und Nelken in einem Mörser zerstoßen. Mit Salz und Öl verrühren. Das Fleisch mit der Paste von allen Seiten einreiben. In einen Bräter legen. In den Backofen schieben, auf 200 Grad/Gas Stufe 3 schalten und 30 Minuten braten. Orangensaft mit Brühe verrühren. Das Fleisch damit begießen und mit Speckscheiben belegen. Orangenschale zufügen. Weitere 30 Minuten braten. Abkühlen lassen. Die Filets heraustrennen. Bratfond durch ein Sieb gießen. Fleisch in Alufolie, Bratfond in Gefrierdose oder -beutel verpacken, beschriften und einfrieren.

Lagerzeit: 3 Monate

Zum Essen: Fleisch und Bratfond bei Zimmertemperatur etwa vier Stunden auftauen lassen. Fleisch in Alufolie in den Backofen geben, auf 150 Grad/Gas Stufe 2 schalten und 45 Minuten erhitzen. Champignons putzen, waschen und eventuell in Scheiben schneiden. In heißer Butter andünsten. Bratfond und Sahne zufügen und fünf Minuten im offenen Topf kochen. Mit Salz und Pfeffer abschmecken. Gehackte Petersilie unterrühren. Zum Fleisch servieren. (Pro Portion ca. 640 Kalorien/2679 Joule)

Dazu: Brokkoli und Butterkartoffeln

Hasenpfeffer mit Maronen

(für 5 Portionen)

750 g Hasenfleisch ohne Knochen (etwa 2 Hasenrücken), 100 g durchwachsener Speck, 5 Zwiebeln, 1/8 l Brühe (Instant), Salz, frisch gemahlener Pfeffer, 1/2 Teel. gemahlene Nelken, 1 Becher Schlagsahne (250 g);
zum Essen: 1 Dose Maronen (Eßkastanien, Einwaage 285 g), 30 g Butter, 1 Bund Petersilie, 1 Becher saure Sahne (200 g), Salz, frisch gemahlener Pfeffer.

Hasenfleisch grob, Speck fein würfeln. Speck bei kleiner Hitze langsam ausbraten. Speckwürfel herausnehmen. Fleisch im Speckfett in zwei Portionen braun anbraten. Speck und abgezogene Zwiebeln zufügen. Brühe zugießen und mit Salz, Pfeffer und Nelken würzen. Zugedeckt eine Stunde schmoren. Sahne zugießen. Hasenpfeffer abkühlen lassen. Portionsweise in Gefrierdosen oder -beuteln verpacken, beschriften und einfrieren.
Lagerzeit: 3 Monate
Zum Essen: Aus der Verpackung nehmen und etwa zwei bis drei Stunden bei Zimmertemperatur auftauen lassen. Abgetropfte Maronen in heißer Butter andünsten. Hasenpfeffer zufügen. Petersilie waschen und hacken. Unterrühren, aufkochen. Sahne unterrühren und das Gericht mit Salz, Pfeffer und eventuell gemahlenen Nelken abschmecken. Nicht mehr kochen lassen. (Pro Portion ca. 660 Kalorien/2762 Joule)

Geschmorte Rehkeule in Portwein

(für 6 Portionen)

1 Rehkeule (etwa 2,5 kg), Salz, frisch gemahlener Pfeffer, 100 g fetter Speck in Scheiben, je 1 Zweig Thymian und Rosmarin, 2 Lorbeerblätter, 100 g Sellerie, 150 ccm Portwein;
zum Essen: 1 Becher Crème fraîche (200 g), 1 Paket Tiefkühl-Himbeeren (300 g), Portwein, frisch gemahlener Pfeffer.

Rehkeule mit Salz und Pfeffer einreiben. Mit Speck belegen und in einen Bräter geben. In den Backofen schieben, auf 200 Grad/Gas Stufe 3 schalten und 50 Minuten braten. Thymian, Rosmarin, Lorbeer, Selleriewürfel, Portwein und 150 ccm Wasser zufügen und eine weitere Stunde braten. Zwischendurch begießen. Fleisch herausnehmen und abkühlen lassen. Bratfond durch ein Sieb streichen. Rehkeule entbeinen. In Alufolie verpacken. Bratfond in Gefrierdose oder -beutel verpacken. Beides beschriften und einfrieren.
Lagerzeit: 3 Monate
Zum Essen: Fleisch und Bratfond bei Zimmertemperatur etwa sechs Stunden auftauen lassen. Fleisch in Alufolie verpackt in den Backofen schieben, auf 200 Grad/Gas Stufe 3 schalten und eine Stunde braten. Bratfond mit Crème fraîche verrühren und aufkochen. Aufgetaute Himbeeren zufügen und mit Portwein und Pfeffer abschmecken. (Pro Portion ca. 690 Kalorien/ 2888 Joule)
Dazu: Sahnelinsen (Seite 51) und Kroketten

Hauptgerichte mit Hackfleisch

Hackfleischspieße

(für 6 Portionen)

2 altbackene Brötchen, 3 Zwiebeln, 4 Knoblauchzehen, 750 g Hackfleisch, 2 Eier, 1/2 Bund Minze, 150 g Schafkäse, Salz, frisch gemahlener Pfeffer, 1–2 Eßl. Edelsüß-Paprika;
zum Essen: 2 Eßl. Öl.

Brötchen einweichen. Zwiebeln und Knoblauchzehen abziehen. Zwiebeln fein würfeln. Hackfleisch mit Zwiebeln, zerdrücktem Knoblauch, ausgedrücktem Brötchen, Eiern, gehackten Minzeblättchen und zerbröckeltem Schafkäse verkneten. Mit Salz, Pfeffer und Paprika abschmekken. Teig in zwölf Portionen teilen und jeweils eine Portion um einen Holzspieß drücken. Die beiden Enden laufen dabei spitz zu. In Alufolie oder Gefrierbeuteln verpacken, beschriften und einfrieren.

Lagerzeit: 3 Monate

Zum Essen: Aus der Verpackung nehmen und bei Zimmertemperatur etwa zwei Stunden auftauen. In heißem Öl rundherum zehn Minuten braten (oder mit Öl bestreichen und von jeder Seite etwa drei Minuten grillen). (Pro Portion ca. 570 Kalorien/2386 Joule)

Dazu: glasierte Rübchen (Seite 53)

Hackbraten mit Spinatfüllung

(für 4 Portionen)

600 g Spinat, 2 Knoblauchzehen, 20 g Butter oder Margarine, Salz, frisch gemahlener Pfeffer, Muskat, 1 altbackenes Brötchen, 3 Zwiebeln, 1 Becher Joghurt (3,5 %), 4 Eßl. Schlagsahne (ersatzweise Milch), 750 g Hackfleisch, 2 Eier, Fett für die Form;
zum Essen: 100 g geriebenen Käse.

Spinat verlesen und waschen. Zerdrückten Knoblauch in heißem Fett andünsten. Spinat zufügen und zusammenfallen lassen. Mit Salz, Pfeffer und Muskat würzen. Abtropfen lassen. Brötchen und Zwiebeln würfeln und mit Joghurt und Sahne verrühren. Mit Hackfleisch und Eiern verkneten. Mit Salz und Pfeffer abschmecken. Eine Kastenform (Länge 20 Zentimeter) fetten.
Die Hälfte der Hackmasse hineindrücken. Spinat darauf verteilen, mit restlichem Hackfleisch abdecken. In den Backofen schieben, auf 200 Grad/Gas Stufe 3 schalten und eine Stunde bakken. Abkühlen lassen. In Alufolie oder Gefrierbeutel verpacken, beschriften und einfrieren.

Lagerzeit: 3 Monate

Zum Essen: Hackbraten aus der Verpackung nehmen, bei Zimmertemperatur etwa vier Stunden auftauen lassen. Mit Käse bestreuen und in den Backofen schieben. Auf 225 Grad/Gas Stufe 4 schalten und 30 Minuten backen. (Pro Portion ca. 990 Kalorien/4144 Joule)

Dazu: Käsesoße (Seite 40)

Hackbällchen (Grundrezept)

(für 12 Portionen)

Hackfleisch-Grundteig: 2 Brötchen, 1 kg Hackfleisch, 3 Eier, Salz, frisch gemahlener Pfeffer.

Brötchen in Wasser einweichen. Gut ausdrücken und mit Hackfleisch und Eiern vermischen. Mit Salz und Pfeffer abschmecken. Den Teig in drei Portionen teilen und weiterverarbeiten zu:

Kokos-Hackbällchen

(für 4 Portionen)

1 Portion Hackfleisch-Grundteig, 2 Eßl. Kokosraspel, 1 Eßl. Curry, 2 Eßl. Aprikosenkonfitüre, Salz, frisch gemahlener Pfeffer, einige Spritzer Tabasco, 50 g Margarine.

Grundteig mit Kokosraspel, Curry und Konfitüre verkneten. Mit Salz, Pfeffer und Tabasco abschmecken. Aus dem Teig 16 kleine Bällchen formen und in heißer Margarine braun braten. Abkühlen lassen. Portionsweise verpacken, beschriften und einfrieren. (Pro Portion ca. 460 Kalorien/1925 Joule)

Möhren-Hackbällchen

(für 4 Portionen)

2 Möhren (etwa 100 g), 2 Zwiebeln, 1 Portion Hackfleisch-Grundteig, 1/2 Tube Paprikamark (ersatzweise Tomatenmark), 1 Eßl. Edelsüß-Paprika, Salz, Pfeffer, 50 g Margarine.

Möhren schälen und auf der Rohkostreibe grob raffeln. Zwiebeln abziehen und würfeln. Beides mit Hackfleisch, Paprikamark und Edelsüß-Paprika verkneten. Mit Salz und Pfeffer abschmecken. Aus dem Teig acht Hackbällchen formen und in heißer Margarine braun braten. Abkühlen lassen. Portionsweise verpacken, beschriften und einfrieren. (Pro Portion ca. 420 Kalorien/1758 Joule)

Knoblauch-Hackbällchen

(für 4 Portionen)

2 Zwiebeln, 1 kleiner Zweig Rosmarin, 1 Zitrone, 5 Knoblauchzehen, 1 Portion Hackfleisch-Grundteig, Salz, 3 Eßl. Olivenöl.

Zwiebeln abziehen und würfeln. Rosmarinnadeln abstreifen und fein hacken. Zitrone heiß abwaschen. Schale hauchdünn abschälen und fein schneiden. Zwiebeln, zerdrückten Knoblauch, Zitronenschale, Rosmarinnadeln und Hackfleisch vermischen. Mit Zitronensaft und Salz abschmecken. Aus dem Teig acht Hackbällchen formen und in heißem Olivenöl braun braten. Abkühlen lassen. Portionsweise verpacken, beschriften und einfrieren. (Pro Portion ca. 400 Kalorien/1674 Joule)

Lagerzeit: 3 Monate

Zum Essen: Die Hackbällchen bei Zimmertemperatur etwa 2 Stunden auftauen lassen. Entweder kalt servieren oder im Backofen bei 225 Grad/Gas Stufe 4 20 Minuten erhitzen.

Zu Kokos-Hackbällchen Reis und Currysoße servieren

Zu Möhren-Hackbällchen Kartoffeln und Käsesoße (Seite 40) servieren

Zu Knoblauch-Hackbällchen Reis und Tomatensoße (Seite 40) servieren

WICHTIG

Nur ganz frisches Hackfleisch verarbeiten. Die Gerichte sofort nach dem Auftauen verbrauchen.

Frikadellen aus dem Backofen

(für 20 Stück)

2 Brötchen, 3 Zwiebeln, 1 kg Hackfleisch, 250 g Quark (20 %), 1 Teel. Senf, Salz, einige Tropfen Tabasco.

Brötchen einweichen. Zwiebeln abziehen und würfeln. Hackfleisch mit ausgedrückten Brötchen, Quark, Zwiebelwürfeln und Senf verkneten. Mit Salz und Tabasco abschmecken. Aus dem Hackteig 20 Frikadellen formen. Nebeneinander auf den Rost (Fettpfanne darunter) legen und in den Backofen schieben. Auf 225 Grad/Gas Stufe 4 schalten und etwa 25 Minuten braten. Abkühlen lassen. Portionsweise verpacken, beschriften und einfrieren.

Lagerzeit: 3 Monate

Zum Essen: Die Frikadellen aus der Verpackung nehmen und bei Zimmertemperatur etwa fünf Stunden auftauen lassen. Sie schmecken warm oder kalt. Zum Erwärmen die Frikadellen in eine Bratpfanne geben und von beiden Seiten kurz braten. (Pro Stück ca. 190 Kalorien/795 Joule)

Dazu: Ratatouille (Seite 116)

Hackfleischrolle mit Kohl

Hackfleischrolle mit Kohl

(Foto Seite 114; für 6 Portionen)

6 große Weißkohlblätter, Salz, 2 altbackene Brötchen, 750 g Hackfleisch, 2 Eßl. Crème fraîche, 2 Eier, 1 Eßl. Edelsüß-Paprika, 100 g durchwachsener Speck in dünnen Scheiben.

Kohlblätter in siedendes Salzwasser geben und eine Minute sprudelnd kochen. Abtropfen lassen. Brötchen einweichen. Hackfleisch mit ausgedrücktem Brötchen, Crème fraîche, Eiern, Paprika und Salz vermischen. Die Kohlblätter zu einem Rechteck auslegen. Den Hackteig darauf verteilen. Zu einer Rolle formen und in eine ofenfeste Form legen. Speckscheiben darauf verteilen. Die Form mit Alufolie verschließen und in den Backofen schieben. Auf 200 Grad/Gas Stufe 3 schalten und 45 Minuten braten. Abkühlen lassen. In Alufolie oder Gefrierbeutel verpacken, beschriften und einfrieren.

Lagerzeit: 3 Monate

Zum Essen: Hackrolle aus der Verpackung nehmen und bei Zimmertemperatur etwa fünf Stunden auftauen lassen. In eine ofenfeste Form legen und in den Backofen schieben. Auf 200 Grad/Gas Stufe 3 schalten und 20 Minuten erhitzen. (Pro Portion ca. 630 Kalorien/2637 Joule)

Dazu: Salzkartoffeln und Sauerkraut

Hackfleischstrudel

(für 5 Portionen)

Teig: 250 g Mehl, 4 Eßl. Öl, 1 Teel. Salz; Füllung: 500 g Hackfleisch, 3 Eßl. Öl, 2 Zwiebeln, 1 Paprikaschote, Salz, frisch gemahlener Pfeffer, 3 Möhren, 100 g geriebener Emmentaler Käse, 1 Bund Petersilie; 2 Eßl. Milch.

Mehl, Öl, Salz und 100 Kubikzentimeter Wasser verkneten. 30 Minuten ruhenlassen. Hackfleisch in zwei Eßlöffel Öl anbraten. Zwiebeln- und Paprikawürfel zugeben. Mit Salz und Pfeffer abschmecken. Teig auf einem Küchentuch zu einem Rechteck von 50 mal 70 cm auseinanderziehen. Möhren raffeln. Teig mit restlichem Öl bestreichen und mit Möhrenraspel, Käse und gehackter Petersilie bestreuen. Hackfleisch darauf verteilen. Strudel mit Hilfe des Küchentuchs von der Schmalseite her aufrollen. Auf ein mit Backtrennpapier ausgelegtes Backblech legen und in den Backofen schieben. Auf 200 Grad/Gas Stufe 3 schalten und 40 Minuten backen. Zehn Minuten vor Ende der Backzeit mit Milch bestreichen. Abgekühlt in Alufolie verpacken, beschriften und einfrieren.

Lagerzeit: 3 Monate

Zum Essen: Den Strudel aus der Verpackung nehmen und bei Zimmertemperatur etwa vier Stunden auftauen lassen. In den Backofen schieben, auf 200 Grad/Gas Stufe 3 schalten und 30 Minuten erhitzen. (Pro Portion ca. 780 Kalorien/3265 Joule)

Hauptgerichte mit Gemüse

Ratatouille

(Foto Seite 117; für 8 Portionen)

750 g Auberginen, Salz, 500 g Zwiebeln, 5 Knoblauchzehen, 1 kg Zucchini, 1 kg Fleischtomaten, je 2 rote und grüne Paprikaschoten, 3 Zweige Thymian, 3 Lorbeerblätter, 1 Bund glatte Petersilie, 100 ccm Olivenöl, frisch gemahlener Pfeffer.

Auberginen waschen, den Stielansatz entfernen und die Auberginen in Scheiben schneiden. Mit Salz bestreuen und 30 Minuten stehenlassen. Zwiebeln und Knoblauchzehen abziehen. Zwiebeln halbieren und in Scheiben schneiden. Knoblauch fein würfeln. Zucchini und Tomaten waschen und in Scheiben schneiden. Paprikaschoten putzen, waschen und in Stücke schneiden. Kräuter waschen. Auberginen mit Küchenkrepp trockentupfen. Öl in einer großen Pfanne erhitzen. Zwiebeln und Knoblauch darin glasig dünsten. Herausnehmen. Auberginen von beiden Seiten anbraten. Zwiebelmischung, restliches Gemüse und Kräuter zufügen. Mit Salz und Pfeffer kräftig würzen. In der geschlossenen Pfanne 30 Minuten schmoren. Deckel abnehmen und weitere 15 Minuten schmoren. Mit Salz und Pfeffer abschmecken. Abkühlen lassen. In Gefrierdosen oder -beuteln verpacken, beschriften und einfrieren.

Lagerzeit: 6 Monate

Zum Essen: Aus der Verpackung nehmen und bei Zimmertemperatur etwa zwei Stunden auftauen lassen. In einer Pfanne oder im Backofen bei 225 Grad/Gas Stufe 4 erwärmen oder kalt servieren. (Pro Portion ca. 240 Kalorien/ 1005 Joule)

Zu gegrilltem Fleisch, Frikadellen (Seite 113) oder mit Weißbrot servieren

Tomaten als Püree einfrieren

Wenn Sie überreife Tomaten im Sonderangebot finden, verarbeiten Sie sie zu Tomatenpüree: Zwei Kilo Tomaten waschen und vierteln. Im geschlossenen Topf ohne Flüssigkeit 30 Minuten kochen. Durch ein Sieb streichen und nach Geschmack mit Salz, Pfeffer und Kräutern würzen. Portionsweise einfrieren. Für Soßen, Suppen und zum Verfeinern von Gerichten verwenden.

Ratatouille

Steckrüben mit Schweinebauch

(für 6 Portionen)

1 Steckrübe (etwa 1,5 kg), 250 g Zwiebeln, 6 Scheiben Schweinebauch (je 200 g), Salz, 1 Eßl. Edelsüß-Paprika, 1/8 l Brühe (Instant).

Steckrübe vierteln, schälen und in Stifte schneiden. Zwiebeln abziehen und in Ringe schneiden. Die Fleischscheiben bei kleiner Hitze ohne Fett langsam von beiden Seiten anbraten. Herausnehmen und salzen. Zwiebelringe im Bratfett glasig dünsten. Steckrübenstifte zugeben. Mit Salz und Edelsüß-Paprika würzen. Brühe zugießen und das Fleisch auf das Gemüse geben. Im geschlossenen Topf eine Stunde schmoren. Abkühlen lassen. In Gefrierdosen oder -beuteln verpacken, beschriften und einfrieren.

Lagerzeit: 3 Monate

Zum Essen: Aus der Verpackung nehmen und bei Zimmertemperatur etwa drei Stunden auftauen lassen. Im geschlossenen Topf bei kleiner Hitze langsam erhitzen. (Pro Portion ca. 760 Kalorien/3181 Joule)

Dazu: Petersilienkartoffeln

Grünkohl mit Kasseler

(für 6 Portionen)

1,5 kg Grünkohl, 150 g durchwachsener Speck, 3 Zwiebeln, 1/4 l Brühe (Instant), Salz, frisch gemahlener Pfeffer, 1 kg Kasseler ohne Knochen, 2 Eßl. Haferflocken, Zimt;
zum Essen: 1/2 Becher Schlagsahne (125 g), 4 Kochwürste.

Grünkohl waschen, Blätter von den Rippen streifen und verlesen. Mit kochendem Wasser überbrühen. Abtropfen lassen und fein hacken. Speck und abgezogene Zwiebeln würfeln. Speck bei kleiner Hitze langsam ausbraten. Zwiebelwürfel zufügen und glasig dünsten. Grünkohl und Brühe zufügen. Mit Salz und Pfeffer würzen. Im geschlossenen Topf eine Stunde garen. Kasseler in grobe Würfel schneiden, zufügen und weitere 30 Minuten garen. Haferflocken unterrühren und das Gericht eventuell mit Zimt abschmecken. Abkühlen lassen. Portionsweise in Gefrierdosen oder -beuteln verpacken, beschriften und einfrieren.

Lagerzeit: 3 Monate

Zum Essen: Grünkohl aus der Verpackung nehmen und bei Zimmertemperatur etwa zwei Stunden auftauen lassen. Sahne zufügen und aufkochen lassen. Kochwürste in Scheiben schneiden und im Kohl erhitzen. (Pro Portion ca. 910 Kalorien/3809 Joule)

Dazu: Röstkartoffeln

Kartoffelpuffer

(für 6 Portionen)

2 kg Kartoffeln, 2 Zwiebeln, 2 Eier, 4 Eßl. Mehl, Salz, 150 g Edamer Käse (oder 250 g Corned beef), 2 Eßl. Öl;
zum Essen: 2 Eßl. Öl.

Kartoffeln waschen, schälen und grob raffeln. Zwiebeln abziehen und fein würfeln. Kartoffeln mit Zwiebeln, Eiern, Mehl und Salz verrühren. Käse reiben und unterrühren (Corned beef kleinschneiden und unterrühren). Fett erhitzen. Nacheinander aus dem Teig etwa 12 Kartoffelpuffer von jeder Seite zwei Minuten vorbacken. Abkühlen lassen. In Alufolie oder Gefrierbeuteln verpacken, beschriften und einfrieren.
Lagerzeit: 3 Monate
Zum Essen: Puffer aus der Verpackung nehmen und bei Zimmertemperatur etwa zwei Stunden antauen lassen. In heißem Fett von jeder Seite zwei Minuten backen. (Pro Portion ca. 460 Kalorien/1925 Joule)
Dazu: gemischter Salat

Gefüllte Sellerieknollen

(für 4 Portionen)

2 Sellerieknollen à etwa 750 g, 2 Brötchen, 1/8 l Milch, 125 g gekochter Schinken, 250 g Zwiebeln, 1 Eßl. Öl, 2 Bund Petersilie, Salz, frisch gemahlener Pfeffer, 1/2 l Brühe (Instant);
zum Essen: 100 g Käse, 1 Eßl. Speisestärke.

Sellerieknollen halbieren und schälen. Aushöhlen und das Innere kleinschneiden. Brötchen in Milch einweichen. Schinken und abgezogene Zwiebeln würfeln. Schinken in heißem Öl anbraten. Zwiebelwürfel zugeben und glasig dünsten. Schinken-Zwiebelmischung mit Brötchen und gehackter Petersilie vermischen. Mit Salz und Pfeffer abschmecken. Die Sellerieknollen damit füllen und in eine ofenfeste Form setzen. Brühe und das Innere der Sellerieknollen zugeben. Form verschließen und in den Backofen schieben. Auf 200 Grad/Gas Stufe 3 schalten und 45 Minuten garen. Den Fond mit den Selleriestükken durch ein Sieb streichen. Knollen mit Fond in Gefrierdosen oder -beuteln verpacken, beschriften und einfrieren.
Lagerzeit: 3 Monate
Zum Essen: Aus der Verpackung nehmen und sechs Stunden bei Zimmertemperatur auftauen lassen. Die Knollen in eine ofenfeste Form setzen und mit geriebenem Käse bestreuen. In den Backofen schieben. Auf 225 Grad/Gas Stufe 4 schalten und 20 Minuten überbacken. Selleriefond aufkochen und mit Speisestärke binden. (Pro Portion ca. 570 Kalorien/2386 Joule)

Gefüllte Auberginen

(für 6 Portionen)

6 Auberginen, Salz, 100 g durchwachsener Speck, 3 Zwiebeln, 500 g Möhren, 750 g Hackfleisch, 50 g Margarine, 1 Eßl. Edelsüß-Paprika, frisch gemahlener Pfeffer, 1 l Brühe (Instant); zum Essen: 2 Becher Joghurt (3,5 %), 1 Becher saure Sahne (200 g), 5 Knoblauchzehen, 1 Zitrone, 2 Eßl. Olivenöl, 1 Bund Dill, Salz.

Auberginen waschen, Stielansatz entfernen und der Länge nach halbieren. Mit Salz bestreuen und 30 Minuten stehenlassen. Speck würfeln. Zwiebeln abziehen und in Ringe schneiden. Möhren putzen, waschen und in Würfel schneiden. Das Fruchtfleisch der Auberginen bis auf einen ein Zentimeter breiten Rand auslösen. Dafür den Rand mit einem Küchenmesser markieren. Fruchtfleisch kreuzweise einschneiden und mit einem Löffel herausheben. Hackfleisch in heißer Margarine krümelig anbraten. Möhren- und Speckwürfel zufügen. Fünf Minuten schmoren. Fruchtfleisch zugeben und fünf Minuten weiterschmoren. Hackfleisch mit Salz, Edelsüß-Paprika und Pfeffer würzen. In die Auberginenhälften füllen. In eine große, ofenfeste Form oder in die Fettpfanne des Backofens setzen. Brühe zugießen und in den Backofen schieben. Auf 200 Grad/Gas Stufe 3 schalten und 45 Minuten backen. Herausnehmen und abkühlen. Portionsweise in Alufolie oder Gefrierbeuteln verpacken, beschriften und einfrieren.

Lagerzeit: 3 Monate

Zum Essen: Die Auberginen bei Zimmertemperatur etwa drei Stunden auftauen lassen. In den Backofen schieben, auf 200 Grad/Gas Stufe 3 schalten und 20 Minuten erhitzen. Inzwischen Joghurt und saure Sahne verrühren. Zerdrückten Knoblauch, Zitronensaft, Olivenöl und gehackten Dill unterrühren und mit Salz abschmecken. Kalte Soße über die heißen Auberginen geben und sofort servieren. (Pro Portion ca. 760 Kalorien/3181 Joule)

Dazu: Fladenbrot

Für Knoblauchfans

Im Frühsommer kommt frischer Knoblauch auf den Markt. Dann lohnt es sich, ihn in größeren Mengen einzufrieren, weil sein Geschmack unübertrefflich gut ist: Die Knoblauchzehen abziehen, zerdrücken und mit etwas Zitronensaft vermischen. In Eiswürfelbehälter füllen, zwei Stunden vorgefrieren, herausnehmen und als Würfel portionsweise verpacken. Für warme Gerichte und Salate gefrorenen wie frischen Knoblauch verwenden.

Nachspeisen

Ananaseis

(für 8 Portionen)

1 Ananas, 4 Eigelb, 75 g Zucker, 1 Vanilleschote, 4 cl Kirschwasser (eventuell weglassen), 1 Becher Schlagsahne (250 g).

Die Ananas achteln, schälen und den harten Strunk herausschneiden. 500 Gramm Fruchtfleisch abwiegen und im Mixer oder Blitzhacker pürieren. Eigelb und Zucker im heißen Wasserbad schaumig schlagen. Die Schüssel aus dem Wasserbad nehmen und Eimasse weiterschlagen, bis sie abgekühlt ist. Ananaspüree, ausgekratztes Vanillemark und Kirschwasser unterrühren. Sahne steif schlagen und unterheben. Die Masse in eine kalt ausgespülte Schüssel füllen. In das Gefriergerät stellen und in etwa sechs Stunden gefrieren lassen. Aus der Form nehmen. In Alufolie verpacken, beschriften und einfrieren.
Lagerzeit: 3 Monate
Zum Essen: Das Eis anrichten und noch etwa 15 Minuten vor dem Servieren in den Kühlschrank stellen. (Pro Portion ca. 235 Kalorien/ 984 Joule)

Vanilleeis

(für 8 Portionen)

4 Eigelb, 75 g Zucker, 1 Vanilleschote, 1 Becher Schlagsahne (250 g).

Eigelb und Zucker mit den Quirlen des Handrührgerätes im heißen Wasserbad schaumig schlagen, bis die Masse hellgelb ist. Aus dem Wasserbad nehmen und weiterschlagen, bis sie abgekühlt ist. Ausgekratztes Vanillemark unterrühren. Sahne steif schlagen und unterheben. In eine kalt ausgespülte Form geben und etwa sechs Stunden gefrieren lassen. Aus der Form nehmen. In Alufolie verpacken, beschriften und einfrieren.
Lagerzeit: 3 Monate
Zum Essen: Das Eis anrichten und vor dem Servieren noch etwa 15 Minuten im Kühlschrank stehenlassen. (Pro Portion ca. 170 Kalorien/ 711 Joule)
Abwandlung: Für Schokoladeneis das Vanillemark durch einen Eßlöffel gesiebten Kakao ersetzen.

Karameleis

(für 6 Portionen)

100 g Zucker, 3 Eier, 1 Päckchen Vanillinzucker.

Zucker in einem Topf schmelzen lassen, bis er eine goldgelbe Farbe angenommen hat. Vorsichtig 75 Kubikzentimeter Wasser zugießen. Umrühren und von der Kochstelle nehmen. Eiweiß mit Vanillinzucker steif schlagen. Eigelb schaumig schlagen. Den heißen Karamel zugießen und weiterschlagen. Eischnee unterziehen. In das Gefrierfach stellen. Nach zwei Stunden umrühren. Weiterfrieren. Nach weiteren zwei Stunden nochmals umrühren. Das Eis behält eine cremige Konsistenz. In Gefrierdosen verpacken, beschriften und einfrieren.

Lagerzeit: 3 Monate

Zum Essen: Eis auf Portionsteller füllen und sofort servieren. (Pro Portion ca. 115 Kalorien/481 Joule)

Grapefruitsorbet

(Foto Seite 123; für 8 Portionen)

300 g Zucker, 4 Grapefruits, 2 Eiweiß.

Vom Zucker 250 Gramm abwiegen und mit 100 Kubikzentimeter Wasser fünf Minuten kochen. Grapefruits auspressen. Einen halben Liter Saft abmessen und zur Zuckerlösung gießen. Erhitzen, bis die Flüssigkeit zu dampfen beginnt. Nicht kochen! Abkühlen lassen. Im Gefrierfach halbfest werden lassen. Die Masse soll noch weich sein. Eiweiß zu steifem Schnee schlagen. Restlichen Zucker nach und nach einrieseln lassen. Eiweiß unter die halbfeste Masse ziehen. In eine Gefrierdose füllen, beschriften und einfrieren.

Lagerzeit: 3 Monate

Zum Essen: Das Sorbet etwas antauen lassen. In Portionsgläser füllen und nach Belieben mit Sekt auffüllen oder mit frischen Früchten (z. B. Erdbeeren, Pfirsichen oder Brombeeren) servieren. (Pro Portion ohne Beilage ca. 190 Kalorien/795 Joule)

Abwandlung: Grapefruitsaft kann durch eine Mischung aus Zitronensaft und Apfelsaft (300 Kubikzentimeter Zitronensaft und 200 Kubikzentimeter Apfelsaft) ersetzt werden.

Grapefruit-Sorbet mit Sekt

Eisbombe

Eisbombe

(Foto Seite 124; für 8 Portionen)

100 g Belegkirschen (kandierte Kirschen), 2 Eßl. Kirschwasser, 50 g Mandeln, 50 g Zartbitterschokolade, 4 Eigelb, 100 g Zucker, 2 Becher Schlagsahne (je 200 g).

Kirschen grob hacken und mit Kirschwasser beträufeln. Mandeln und Schokolade ebenfalls hacken. Eigelb mit zwei Eßlöffel heißem Wasser und dem Zucker schaumig schlagen, bis sich der Zucker gelöst hat. Sahne steif schlagen. Zusammen mit Kirschen, Mandeln und Schokolade unter die Eicreme heben. In eine mit kaltem Wasser ausgespülte Form (Napfkuchenform, Puddingform oder Schüssel) füllen. Drei bis vier Stunden darin vorgefrieren. Aus der Form nehmen, in Alufolie verpacken, beschriften und einfrieren.

Lagerzeit: 3 Monate

Zum Essen: Das Eis anrichten und vor dem Servieren noch 15 Minuten im Kühlschrank stehenlassen. (Pro Portion ca. 430 Kalorien/1795 Joule)

Apfelkompott

(für 6 Portionen)

1 kg Äpfel, 1 Zitrone, 75–100 g Zucker, 1 Stange Zimt.

Äpfel schälen, achteln und entkernen. Zitrone heiß abwaschen und dünn schälen. Apfelstücke mit Zitronenschale, Zucker und der Zimtstange in einen Topf geben. Dreiachtel Liter Wasser zugeben. Bei kleiner Hitze in fünf bis fünfzehn Minuten weich dünsten (je nach Apfelsorte). Abkühlen lassen und Zitronenschale und Zimtstange entfernen. Das Kompott in Gefrierdosen oder -beuteln verpacken, beschriften und einfrieren.

Lagerzeit: 6 Monate

Zum Essen: Kompott aus der Verpackung nehmen und bei Zimmertemperatur etwa drei Stunden auftauen lassen. (Pro Portion ca. 150 Kalorien/628 Joule)

Abwandlung: Statt aus Äpfeln kann auch aus Birnen, Rhabarber, Pflaumen, Aprikosen oder Mirabellen Kompott gekocht werden. Die Zuckermenge und die Garzeit hängen von der Fruchtsorte ab.

Zu Pfannkuchen (Seite 128), Waffeln (Seite 130) oder Crêpes (Seite 128) servieren

Orangencreme

(für 6 Portionen)

6 Orangen, 6 Blatt weiße Gelatine, 4 Eier, 100 g Zucker, 4 cl Orangenlikör (eventuell weglassen), 1 Becher Schlagsahne (200 g).

Vier Orangen auspressen und einen Viertelliter Saft abmessen. Restliche Orangen schälen, in Spalten teilen und würfeln. Gelatine in kaltem Wasser einweichen. Eigelb, Zucker und die abgeriebene Schale einer Orange mit den Quirlen des Handrührgerätes schaumig schlagen. Orangensaft und Likör unterrühren. Ausgedrückte Gelatine in zwei Eßlöffel heißem Wasser auflösen und unter die Eimasse rühren. In den Kühlschrank stellen und halbfest werden lassen. Sahne und Eiweiß getrennt steif schlagen. Nacheinander unter die halbfeste Creme ziehen. Orangenstücke unterheben. Eine Schüssel mit Folie auslegen und die Creme einfüllen. Zwei Stunden gefrieren lassen. Die Creme mit Hilfe der Folie aus der Schüssel nehmen, in Alufolie verpacken, beschriften und einfrieren.

Lagerzeit: 3 Monate

Zum Essen: Die Creme aus der Folie nehmen und wieder in die Schale geben. Abgedeckt im Kühlschrank etwa vier Stunden auftauen lassen. (Pro Portion ca. 340 Kalorien/ 1423 Joule)

Tokajer-Creme

(Foto Seite 127; für 6 Portionen)

6 Blatt weiße Gelatine, 4 Eier, 75 g Zucker, 1/2 Zitrone, 1/4 l Tokajer, 1 Becher Schlagsahne (200 g).

Gelatine in kaltem Wasser einweichen. Eigelb und Zucker mit den Quirlen des Handrührgerätes schaumig schlagen. Zitronensaft und Tokajer unterrühren. Die ausgedrückte Gelatine in zwei Eßlöffel heißem Wasser auflösen und unterrühren. Die Creme im Kühlschrank halbfest werden lassen. Sahne und Eiweiß getrennt steif schlagen und nacheinander unter die Creme ziehen. Eine Schüssel mit Folie auslegen und die Creme einfüllen. Zwei Stunden gefrieren lassen. Die Creme mit Hilfe der Folie aus der Schüssel nehmen, in Alufolie verpacken, beschriften und einfrieren.

Lagerzeit: 3 Monate

Zum Esssen: Die Creme aus der Folie nehmen und in die Schüssel geben. Abgedeckt im Kühlschrank etwa vier Stunden auftauen lassen. Eventuell mit Sahnetupfen oder halbierten Weintrauben garnieren. (Pro Portion ca. 280 Kalorien/ 1172 Joule)

Abwandlung: Den Tokajer durch Cream-Sherry ersetzen.

Tokajer-Creme

Pfannkuchen

(für 8 Stück)

200 g Mehl, 4 Eier, 1 Prise Salz, 1 Messerspitze Backpulver, 1/2 l Milch, 4 Eßl. Öl; zum Essen: 2 Eßl. Öl, 4 Eßl. Konfitüre (oder Pflaumenmus) oder Zucker.

Mehl mit Eiern, Salz und Backpulver verrühren. Milch unter ständigem Rühren langsam zugießen. Aus dem Teig in heißem Öl nacheinander acht Pfannkuchen von jeder Seite drei Minuten vorbacken. Abkühlen lassen. In Alufolie verpacken, beschriften und einfrieren.
Lagerzeit: 3 Monate
Zum Essen: Pfannkuchen aus der Verpackung nehmen und bei Zimmertemperatur zwei Stunden auftauen lassen. In heißem Öl von jeder Seite noch zwei bis drei Minuten backen. Mit Konfitüre oder Kompott füllen oder mit Zucker bestreuen. (Pro Stück ca. 230 Kalorien/963 Joule)

Crêpes

(für 12 Stück)

50 g Butter, 3 Eier, 1 Eigelb, 3/8 l Milch, 50 g Zucker, 1 Päckchen Vanillinzucker, 200 g Mehl, etwa 6 Eßl. Öl.

Butter erhitzen und etwas abkühlen lassen. Eier, Eigelb, flüssige Butter, Milch, Zucker und Vanillinzucker verrühren. Gesiebtes Mehl unterrühren. 30 Minuten stehenlassen. Öl in einer beschichteten Pfanne (oder in einem Crêpe-Eisen nach Anweisung des Herstellers) erhitzen und nacheinander zwölf hauchdünne Crêpes backen. Nebeneinander auskühlen lassen. Portionsweise in Alufolie verpacken, beschriften und einfrieren.
Lagerzeit: 3 Monate
Zum Essen: Die Crêpes bei Zimmertemperatur eine Stunde auftauen lassen. Eventuell noch einmal in der Pfanne erwärmen. (Pro Stück ca. 215 Kalorien/900 Joule)
Mit Schokoladensoße, Orangenfilets und Orangenlikör, Sahne, Eis, Konfitüre oder Fruchtkompott servieren

Süßes Gebäck

Quark-Sahnetorte mit Früchten

(für 16 Stücke)

250 g Mehl, 125 g Butter oder Margarine, 275 g Zucker, 5 Eier, Fett für die Form, 8 Blatt Gelatine, 2 Zitronen, 500 g Quark (40 %), 1 Becher Schlagsahne (250 g), 1 Dose Pfirsichspalten (135 g Einwaage; oder andere Früchte).

Mehl mit Fett, 75 Gramm Zucker und einem Ei verkneten. Den Boden einer gefetteten Springform (Durchmesser 26 cm) mit dem Teig auslegen, dabei einen etwa vier Zentimeter breiten Rand hochziehen. In den Backofen schieben, auf 175 Grad/Gas Stufe 2 schalten und 35 Minuten backen. Springformrand lösen, innen mit Pergamentpapier auslegen. Gelatine einweichen. Restliches Eigelb mit restlichem Zucker schaumig schlagen. Zitronensaft und Quark unterrühren. Ausgedrückte Gelatine in drei Eßlöffel heißem Wasser auflösen und unter die Quarkcreme rühren. Halbfest werden lassen. Sahne und Eiweiß getrennt steif schlagen und nacheinander unter die Creme ziehen. Die Hälfte der Creme auf den Tortenboden in der Springform geben. Abgetropfte Pfirsiche darauf verteilen und mit der restlichen Creme bedecken. Drei Stunden vorgefrieren lassen. Verpacken, beschriften und einfrieren.

Lagerzeit: 3 Monate

Zum Essen: Die Torte ohne Folie bei Zimmertemperatur sechs Stunden auftauen lassen.

(Pro Stück ca. 330 Kalorien/1381 Joule)

Käsetorte

(für 12 Stücke)

150 g Mehl, 1 Ei, 200 g Zucker, Salz, 1 Teel. Backpulver, 50 g Butter oder Margarine, Fett für die Form, 1 kg Quark (20 %), 1 Zitrone, 100 g gehackte Mandeln, 1 Päckchen Vanillepuddingpulver.

Für den Teig das Mehl mit Eigelb, 75 Gramm Zucker, Salz, Backpulver und dem Fett verkneten. Den Teig 30 Minuten kalt stellen. Den Boden einer gefetteten Springform (Durchmesser 26 Zentimeter) mit dem Teig auslegen und einen etwa drei Zentimeter breiten Rand hochziehen. Den Boden mit einer Gabel mehrmals einstechen. In den Backofen schieben, auf 200 Grad/Gas Stufe 3 schalten und 20 Minuten backen. Für den Belag den Quark mit restlichem Zucker, Zitronensaft und -schale, Mandeln und Puddingpulver verrühren. Eiweiß steif schlagen und unterheben. Auf dem Tortenboden verteilen und wieder in den Backofen schieben. Auf 175 Grad/Gas Stufe 2 schalten und eine Stunde 30 Minuten backen. Eventuell in den letzten 30 Minuten mit Pergamentpapier abdecken. Abkühlen lassen. Aus der Form nehmen. In Alufolie verpacken, beschriften und einfrieren.

Lagerzeit: 3 Monate

Zum Essen: Die Torte ohne Folie bei Zimmertemperatur acht Stunden auftauen lassen.

(Pro Stück ca. 320 Kalorien/1340 Joule)

Waffeln

(für 6 Stück)

150 g Butter oder Margarine, 125 g Zucker, 2 Päckchen Vanillinzucker, 3 Eier, 100 g Quark (10 %), 200 g Mehl, 1/2 Päckchen Backpulver, 2 Eßl. Rum, evtl. Fett für das Waffeleisen.

Weiches Fett mit Zucker, Vanillinzucker und Eiern schaumig schlagen. Quark unterrühren. Mehl und Backpulver mischen und unterziehen. Rum unterrühren. Aus dem Teig nacheinander sechs Waffeln backen. Auf einem Kuchengitter auskühlen lassen. In Alufolie verpacken, beschriften und einfrieren.

Lagerzeit: 3 Monate

Zum Essen: Gefrorene Waffeln aus der Verpackung nehmen und auf den Rost des Backofens legen. Auf 150 Grad/Gas Stufe 1 schalten und 20 Minuten aufbacken. (Pro Stück ca. 480 Kalorien/2009 Joule)

Dazu: Schlagsahne, Obst oder Kompott (Seite 125)

Napfkuchen

(Foto Seite 131; für 12 Stücke)

250 g Butter oder Margarine, 225 g Zucker, 2 Päckchen Vanillinzucker, 4 Eier, 1/8 l Milch, 500 g Mehl, 1 Päckchen Backpulver, je 50 g Rosinen, Korinthen und Zitronat, Fett für die Form;
zum Essen: 2 Eßl. Puderzucker.

Weiches Fett, Zucker, Vanillinzucker und Eier schaumig rühren. Milch, Mehl und Backpulver unterrühren. Zum Schluß Rosinen, Korinthen und gehacktes Zitronat unterheben. Den Teig in eine gefettete Napfkuchenform füllen und in den Backofen schieben. Auf 180 Grad/Gas Stufe 2 schalten und etwa eine Stunde backen. Etwas abkühlen lassen und den Kuchen auf ein Kuchengitter stürzen. Ganz abkühlen lassen. In Alufolie verpacken, beschriften und einfrieren.

Lagerzeit: 6 Monate

Zum Essen: Kuchen bei Zimmertemperatur etwa sechs Stunden auftauen lassen. Mit Puderzucker bestreuen und in Stücke schneiden. (Pro Stück ca. 480 Kalorien/2051 Joule)

Napfkuchen

Zwetschenkuchen vom Blech

Zwetschenkuchen vom Blech

(Foto Seite 132; für 20 Stücke)

375 g Mehl, 1 Päckchen Trockenhefe, 75 g Zucker, 1 Prise Salz, 1 Päckchen Vanillinzucker, 1/8 l Milch, 1 Ei, 1,5 kg Zwetschen, Fett für das Blech, 75 g Mandelstifte; zum Essen: 75 g Hagelzucker.

Mehl, Trockenhefe, Zucker, Salz und Vanillinzucker mischen. Milch und Ei zugeben. Mit den Knethaken des Handrührgerätes zu einem weichen Teig verarbeiten. Zugedeckt an einem warmen Ort gehen lassen, bis sich die Teigmenge etwa verdoppelt hat. Inzwischen Zwetschen waschen, längs einkerben und oben kreuzweise einschneiden. Den Kern entfernen und die Zwetschen unten kreuzweise einschneiden. Teig nochmals durchkneten, ausrollen und auf ein gefettetes Backblech legen. Weitere 15 Minuten gehen lassen. Teig mit einer Gabel mehrmals einstechen. Zwetschen mit der Innenseite nach oben auf dem Teig verteilen. Blech in den Backofen schieben, auf 200 Grad/Gas Stufe 3 schalten und etwa 40 Minuten backen.
15 Minuten vor Ende der Backzeit mit Mandelstiften bestreuen. Kuchen abkühlen lassen. Portionsweise in Alufolie verpacken, beschriften und einfrieren.

Lagerzeit: 6 Monate

Zum Essen: Den Kuchen ohne Folie bei Zimmertemperatur etwa vier Stunden auftauen lassen. Mit Hagelzucker bestreuen.
(Pro Stück ca. 160 Kalorien/670 Joule)

Erdbeer-Sahnetorte

(für 16 Stücke)

1 Biskuit-Tortenboden (Seite 135), 750 g Erdbeeren, 3 Becher Schlagsahne (je 250 g), 3 Päckchen Vanillinzucker.

Den Tortenboden zweimal durchschneiden. Erdbeeren waschen, putzen und kleinschneiden. Schlagsahne mit Vanillinzucker steif schlagen. Die Hälfte der Sahne mit den Erdbeeren vermischen. Zwei Tortenböden damit bestreichen. Aufeinander legen und den dritten Boden darauflegen. Mit der restlichen Sahne rundherum bestreichen. Die Torte für etwa drei Stunden im Gefriergerät vorgefrieren. In Alufolie verpacken, beschriften und einfrieren.

Lagerzeit: 3 Monate

Zum Essen: Die Torte aus der Verpackung nehmen und im Kühlschrank etwa acht Stunden auftauen lassen. (Pro Stück ca. 265 Kalorien/1109 Joule)

Saftige Obstkuchen

Für Obstkuchen aus Rühr- oder Hefeteig die gefrorenen Früchte zuckern und auf einem Sieb auftauen lassen. Dabei den Saft auffangen. Saft mit Speisestärke (für 1/2 l Flüssigkeit 40 g Speisestärke) andicken, Früchte unterheben und auf den ungebackenen Teig streichen. Mit Sahneguß abdecken und backen.

Windbeutel

(für 12 Stück)

50 g Butter oder Margarine, 75 g Mehl, 75 g Speisestärke, 4 Eier, 1 Teel. Backpulver; zum Essen: 1 Becher Schlagsahne (250 g), 1 Päckchen Vanillinzucker, Puderzucker zum Bestäuben.

Einen Viertelliter Wasser mit Fett zum Kochen bringen. Mehl und Speisestärke auf einmal zugeben und bei kleiner Hitze rühren, bis sich der Teig als Kloß vom Topfboden löst. Sofort ein Ei unterrühren. Den Teig abkühlen lassen. Nach und nach die restlichen Eier und das Backpulver unterrühren. Aus dem Teig zwölf Häufchen auf ein mit Backtrennpapier ausgelegtes Backblech setzen. Mit etwas Wasser besprenkeln. In den Backofen schieben, auf 225 Grad/Gas Stufe 4 schalten und etwa 40 Minuten backen. Von den Windbeuteln einen Deckel abschneiden und auskühlen lassen. In Alufolie oder Gefrierbeuteln verpacken, beschriften und einfrieren.

Lagerzeit: 6 Monate

Zum Essen: Windbeutel aus der Verpackung nehmen und bei Zimmertemperatur etwa zwei Stunden auftauen lassen. Sahne mit Vanillinzucker steif schlagen und die Windbeutel damit füllen. Mit Puderzucker bestäuben. (Pro Stück ca. 110 Kalorien/460 Joule)

Die Windbeutel können auch mit einer Schokoladencreme oder Früchten gefüllt werden.

Rosinenzopf

(für 2 Stück)

1 kg Mehl, 2 Päckchen Trockenhefe, 1 Prise Salz, 100 g Zucker, 2 Eier, 3/8 l Milch, 1 Zitrone, 250 g Rosinen, 100 g gehackte Mandeln, 2 Eßl. Schlagsahne.

Mehl, Trockenhefe, Salz und Zucker mischen. Eier und Milch zugeben und mit den Knethaken des Handrührgerätes verkneten. Zugedeckt an einem warmen Ort gehen lassen, bis sich der Teig etwa verdoppelt hat. Zitrone heiß abwaschen, trockenreiben und die Schale hauchdünn abschälen. In feine Streifen schneiden. Mit Rosinen und Mandeln unter den Teig kneten. Nochmals 15 Minuten gehen lassen. Teig in zwei Portionen teilen und jede Portion nochmals dreiteilen. Rollen daraus formen und je drei Teigrollen zu einem Zopf flechten. Auf ein mit Backtrennpapier ausgelegtes Backblech legen und in den Backofen schieben. Auf 200 Grad/Gas Stufe 3 schalten und etwa 35 Minuten backen. Zehn Minuten vor Ende der Backzeit mit Sahne bestreichen. Hefezöpfe aus dem Ofen nehmen und auf einem Kuchengitter abkühlen lassen. In Alufolie verpacken, beschriften und einfrieren.

Lagerzeit: 6 Monate

Zum Essen: Hefezopf bei Zimmertemperatur etwa fünf Stunden auftauen lassen. Nach Belieben noch einmal bei 200 Grad/Gas Stufe 3 im Backofen 15 Minuten aufbacken. (Pro Hefezopf ca. 2650 Kalorien/11093 Joule)

Nußkuchen

(für 10 Stücke)

3 Eier, 200 g Zucker, 250 g gemahlene Haselnüsse, 75 g Grieß, 2 Teel. Backpulver, 100 ccm Milch, Fett für die Form.

Eigelb und Zucker mit den Quirlen des Handrührgerätes schaumig schlagen. Haselnüsse, Grieß, Backpulver und Milch unterrühren. Eiweiß steif schlagen und unterheben. Den Teig in eine gefettete Kastenform (Länge 24 Zentimeter) füllen. In den Backofen schieben, auf 175 Grad/Gas Stufe 2 schalten und eine Stunde 10 Minuten backen. Aus der Form nehmen und abkühlen lassen. In Alufolie verpacken, beschriften und einfrieren.

Lagerzeit: 3 Monate

Zum Essen: Den Kuchen bei Zimmertemperatur etwa vier Stunden auftauen lassen. (Pro Stück ca. 320 Kalorien/1340 Joule)

Biskuit-Tortenboden

(für 1 Boden zum Füllen)

4 Eier, 175 g Zucker, 80 g Mehl, 80 g Speisestärke, 1 Teel. Backpulver.

Eiweiß mit vier Eßlöffel kaltem Wasser steif schlagen. Den Zucker unter ständigem Weiterschlagen einrieseln lassen. Eigelb unter den Eischnee ziehen. Mehl, Speisestärke und Backpulver darübersieben und vorsichtig unterheben. Den Teig in eine am Boden mit Pergamentpapier ausgelegte Springform (Durchmesser 26 Zentimeter) füllen. In den Backofen schieben, auf 180 Grad/Gas Stufe 2 schalten und etwa 40 Minuten backen. Den Boden aus der Form lösen und abkühlen lassen. In Alufolie verpacken, beschriften und einfrieren.

Lagerzeit: 6 Monate

Zum Essen: Den Boden aus der Verpackung nehmen und etwa vier Stunden bei Zimmertemperatur auftauen lassen. Zweimal durchschneiden und füllen. (Ca. 1640 Kalorien/6865 Joule)

Rosinenbrötchen

Aus dem Teig für den Rosinenzopf können Sie auch Rosinenbrötchen backen.
Dazu den Teig in 20 Portionen teilen. Brötchen formen und auf der Oberfläche kreuzweise einritzen. Bei gleicher Hitze etwa 20 Minuten backen. (Pro Stück ca. 265 Kalorien/1109 Joule)

Herzhafte Kuchen

Hefeteig für herzhafte Kuchen

(für 1 Blech)

400 g Mehl, 1 Päckchen Trockenhefe, 1 Teel. Zucker, 1 Teel. Salz, 4 Eßl. Öl.

Mehl mit Trockenhefe, Zucker und Salz in einer Schüssel mischen. Öl und 200 Kubikzentimeter Wasser zugießen und alles mit den Knethaken des Handrührgerätes zu einem geschmeidigen Hefeteig verkneten. Zugedeckt an einem warmen Ort etwa 30 Minuten gehen lassen, bis sich der Teig verdoppelt hat. Dies ist der Grundteig für alle folgenden herzhaften Blechkuchen.

Pizza mit Salami

(Foto Seite 137; für 16 Stücke)

1 Zwiebel, 2 Knoblauchzehen, 1 Eßl. Öl, 1 große Dose Tomaten, Salz, frisch gemahlener Pfeffer, 1 Teel. getrockneter Oregano, 125 g Edamer Käse, 1 Grundrezept Hefeteig, Fett für das Blech, 100 g Salami in dünnen Scheiben, 1 Glas schwarze Oliven (85 g Einwaage), etwa 8 Peperoni aus dem Glas.

Abgezogene Zwiebel fein würfeln. Mit zerdrücktem Knoblauch in heißem Öl glasig dünsten. Tomaten mit Flüssigkeit zugeben. In der offenen Pfanne bei großer Hitze etwa 15 Minuten einkochen, bis die Flüssigkeit fast verdampft ist. Mit Salz, Pfeffer und Oregano würzen. Den Käse reiben. Hefeteig durchkneten und auf einem gefetteten Blech ausrollen. Tomatensoße darauf verteilen. Mit Salamischeiben belegen und mit Käse bestreuen. Oliven und Peperoni auf die Pizza geben. In den Backofen schieben, auf 200 Grad/Gas Stufe 3 schalten und 20 Minuten backen. Abkühlen lassen und vom Blech nehmen. Im ganzen oder portionsweise in Alufolie verpacken, beschriften und einfrieren.

Lagerzeit: 3 Monate

Zum Essen: Die Alufolie entfernen. Pizza unaufgetaut auf ein Backblech legen. In den Backofen schieben, auf 200 Grad/Gas Stufe 3 schalten und noch 25 Minuten backen. (Pro Stück ca. 230 Kalorien/962 Joule)

Pizza mit Salami

Hackfleischkuchen

(für 16 Stücke)

500 g Hackfleisch, 3 Eßl. Öl, Salz, 2 Teel. Edelsüß-Paprika, 250 g Champignons, 500 g Porree, frisch gemahlener Pfeffer, 1 Grundrezept Hefeteig, Fett für das Blech, 1 kg Tomaten, 100 g Edamer Käse.

Hackfleisch in zwei Eßlöffel heißem Öl krümelig anbraten. Mit Salz und Paprika würzen. Champignons und Porree putzen und waschen. Champignons in Scheiben, Porree in Ringe schneiden. Porree in restlichem Öl anbraten. Herausnehmen. Champignons im Bratfett drei Minuten dünsten. Salzen und pfeffern. Den Hefeteig durchkneten und auf einem gefetteten Blech ausrollen. Tomaten waschen und in Scheiben schneiden. Auf dem Teig verteilen, leicht salzen und pfeffern. Hackfleisch, Porree und Champignons darauf verteilen. Käse reiben und darüberstreuen. Den Kuchen in den Backofen schieben, auf 200 Grad/Gas Stufe 3 schalten und 20 Minuten backen. Abkühlen lassen und vom Blech nehmen. Im ganzen oder portionsweise in Alufolie verpacken, beschriften und einfrieren.

Lagerzeit: 3 Monate

Zum Essen: Die Alufolie entfernen. Hackfleischkuchen unaufgetaut auf ein Backblech legen. In den Backofen schieben, auf 200 Grad/Gas Stufe 3 schalten und noch 25 Minuten backen. (Pro Stück ca. 290 Kalorien/1214 Joule)

Zwiebelkuchen

(für 16 Stücke)

150 g durchwachsener Speck, 1 kg Zwiebeln, 1 Eßl. Öl, 2 Eier, 1 Becher saure Sahne (200 g), 1 Teel. Edelsüß-Paprika, frisch gemahlener Pfeffer, 1 Grundrezept Hefeteig, Fett für das Blech.

Den Speck würfeln. Zwiebeln abziehen und in Ringe schneiden. Speck in einer großen Pfanne in heißem Öl bei kleiner Hitze ausbraten. Zwiebeln zugeben und glasig dünsten. Etwas abkühlen lassen. Eier mit saurer Sahne verschlagen und unter die Zwiebeln rühren. Mit Paprika und Pfeffer abschmecken. Den Hefeteig durchkneten und auf einem gefetteten Backblech ausrollen. Zwiebeln darauf verteilen. In den Backofen schieben, auf 200 Grad/Gas Stufe 3 schalten und 20 Minuten backen. Abkühlen lassen und vom Blech nehmen. Im ganzen oder portionsweise in Alufolie verpacken, beschriften und einfrieren.

Lagerzeit: 3 Monate

Zum Essen: Die Alufolie entfernen. Zwiebelkuchen unaufgetaut auf ein Backblech legen. In den Backofen schieben, auf 200 Grad/Gas Stufe 3 schalten und noch 25 Minuten backen. (Pro Stück ca. 250 Kalorien/1046 Joule)

Gemüsekuchen

(für 16 Stücke)

750 g Auberginen, 500 g Zucchini, Salz, 8 Eßl. Öl, 250 g Quark (20 %), 1 Eßl. saure Sahne, 1 Knoblauchzehe, 1 Zitrone, 1 Dose Tomatenmark (70 g), frisch gemahlener Pfeffer, 1 Grundrezept Hefeteig, Fett für das Blech, 20 g Pinienkerne, 125 g Mozzarella-Käse.

Auberginen und Zucchini waschen und in Scheiben schneiden. Auberginen mit Salz bestreuen und 30 Minuten stehenlassen. Mit Küchenkrepp trockentupfen. Auberginen- und Zucchinischeiben in heißem Öl von beiden Seiten hellbraun braten. Auf Küchenkrepp abtropfen lassen. Quark mit Sahne, zerdrücktem Knoblauch, abgriebener Zitronenschale und Tomatenmark verrühren. Mit Salz und Pfeffer abschmecken. Hefeteig durchkneten und auf einem gefetteten Blech ausrollen. Quark daraufstreichen. Auberginen- und Zucchinischeiben darauf verteilen. Mit Pinienkernen bestreuen. Mozzarella in Scheiben schneiden und auf das Gemüse legen. Den Kuchen in den Backofen schieben, auf 200 Grad/Gas Stufe 3 schalten und 20 Minuten backen. Abkühlen lassen und vom Blech nehmen. Im ganzen oder portionsweise in Alufolie verpacken, beschriften und einfrieren.

Lagerzeit: 3 Monate

Zum Essen: Die Alufolie entfernen. Gemüsekuchen unaufgetaut auf ein Backblech legen. In den Backofen schieben, auf 200 Grad/Gas Stufe 3 schalten und noch 25 Minuten backen. (Pro Stück ca. 250 Kalorien/1046 Joule)

Pizza mit Salami

(für 16 Stücke)

1 Zwiebel, 1 Eßl. Öl, 1 große Dose Tomaten, Salz, frisch gemahlener Pfeffer, 1 Dose Thunfisch in Öl (185 g Einwaage), 1 Dose Muscheln naturell (175 g Einwaage), 1 Glas Sardellenfilets (60 g), 1 Grundrezept Hefeteig, Fett für das Blech, 100 g Goudakäse.

Abgezogene Zwiebel fein würfeln. In heißem Fett glasig dünsten. Tomaten mit Flüssigkeit zugeben. In der offenen Pfanne bei großer Hitze etwa 15 Minuten kochen, bis die Flüssigkeit fast verdampft ist. Mit Salz und Pfeffer würzen. Thunfisch und Muscheln abtropfen lassen. Thunfisch in mundgerechte Stücke zerteilen. Sardellenfilets abspülen und trockentupfen. Hefeteig durchkneten und auf einem gefetteten Blech ausrollen. Tomatensoße darauf verteilen. Mit Muscheln, Thunfisch und Sardellenfilets belegen. Den Käse reiben und darüberstreuen. Die Pizza in den Backofen schieben, auf 200 Grad/Gas Stufe 3 schalten und 20 Minuten backen. Abkühlen lassen und vom Blech nehmen. Im ganzen oder portionsweise in Alufolie verpacken, beschriften und einfrieren.

Lagerzeit: 3 Monate

Zum Essen: Die Alufolie entfernen. Pizza unaufgetaut auf ein Backblech legen. In den Backofen schieben, auf 200 Grad/Gas Stufe 3 schalten und noch 25 Minuten backen. (Pro Stück ca. 220 Kalorien/920 Joule)

Kräuterbrot

(für 12 Stücke)

500 g Mehl, 1 Päckchen Trockenhefe, 1 Teel. Zucker, 1 Teel. Salz, 1 Eßl. grob gemahlener Pfeffer, 3 Eßl. Öl, 1 Ei, etwa 1/4 l Milch, 2 Bund Petersilie, 1 Bund Dill, 2 Bund Schnittlauch, Fett für die Form, 3 Eßl. Schlagsahne.

Mehl, Trockenhefe, Zucker, Salz und Pfeffer in einer Schüssel mischen. Öl, Ei und Mehl zugeben und alles zu einem geschmeidigen Teig verkneten. Zugedeckt gehen lassen, bis sich der Teig etwa verdoppelt hat. Die Kräuter abspülen und trockentupfen. Petersilie und Dill hacken. Schnittlauch in feine Röllchen schneiden. Unter den Hefeteig kneten. In eine gefettete Kastenform (Länge 25 Zentimeter) füllen. Noch 15 Minuten gehen lassen. In den Backofen schieben, auf 200 Grad/Gas Stufe 3 schalten und 30 Minuten backen. Mit der Sahne bestreichen und noch etwa 15 Minuten weiterbacken. Aus der Form nehmen und abkühlen lassen. In Alufolie verpacken, beschriften und einfrieren.

Lagerzeit: 6 Monate

Zum Essen: Das Brot aus der Verpackung nehmen und bei Zimmertemperatur etwa vier Stunden auftauen lassen. (Pro Stück ca. 220 Kalorien/920 Joule)

Abwandlung:

Aus dem Teig zehn Kräuterbrötchen (Foto Seite 84/85) formen. Auf ein gefettetes Backblech legen. In den Backofen schieben, auf 200 Grad/Gas Stufe 3 schalten und etwa 20 Minuten backen.

Speckbrötchen

(für 20 Stück)

500 g Mehl, 1 Päckchen Trockenhefe, 1 Teel. Zucker, 1 Teel. Salz, 100 g Butter oder Margarine, 1/4 l Milch, 200 g Zwiebeln, 250 g Schinkenspeck, Edelsüß-Paprika.

Mehl, Trockenhefe, Zucker und Salz mischen. Das weiche Fett und Milch zugeben und zu einem geschmeidigen Teig verkneten. An einem warmen Ort gehen lassen, bis sich der Teig verdoppelt hat. Inzwischen abgezogene Zwiebeln und Speck würfeln. Speck bei kleiner Hitze ausbraten. Zwiebelwürfel darin glasig dünsten. Mit Paprika würzen. Das Speckfett abgießen. Den Teig nochmals durchkneten und in 20 Portionen teilen. Auf jede Portion etwa einen Teelöffel Speckmischung geben und den Teig über der Füllung zusammendrücken. Die Brötchen auf ein mit Backtrennpapier ausgelegtes Backblech legen und in den Backofen schieben. Auf 200 Grad/Gas Stufe 3 schalten und etwa 30 Minuten backen. Abgekühlt in Gefrierbeuteln verpacken, beschriften und einfrieren.

Lagerzeit: 3 Monate

Zum Essen: Brötchen aus der Verpackung nehmen und bei Zimmertemperatur etwa drei Stunden auftauen lassen. Eventuell im Backofen bei 200 Grad/Gas Stufe 3 etwa zehn Minuten aufbacken. (Pro Stück ca. 220 Kalorien/920 Joule)

4.

Nahrungsmittel von A–Z

Alles übers Einfrieren, Lagern, Auftauen und Weiterverarbeiten. Mit einem Saisonkalender zum günstigen Einkauf von Obst und Gemüse.

Blick in die Gefriertruhe

Kräuter-
Brötchen
Jan. 84
Linsen-
Gemüse
m. Sahne
Dez. 83
Rinder-
Gulasch
Dez. 83
Gefüllte
Wirsing-
rollen 2.84
Kartoffel-
Knödel
Dez. 83
Moussaka
Schw.
Rollbraten

Lebensmittel zum Einfrieren geeignet? +++ sehr gut ++ gut + weniger gut — gar nicht	**Wann günstig einkaufen?**	**So vorbereiten und einfrieren**	**Lagerzeit in Monaten**	**Zeit fürs Auftauen bei Zimmertemperatur – je nach Größe und Gewicht**	**So weiterverarbeiten**
Ananas +++	Dezember – März	vierteln, harten Strunk herausschneiden, schälen, eventuell würfeln	6	2–5 Stunden	wie frische verwenden
Äpfel +	August–Oktober	als Kompott oder Mus	10	2–5 Stunden	wie frisch gekocht verwenden
Aprikosen ++	Juni–Juli	mit kochendem Wasser überbrühen, abziehen, halbieren, mit Zuckerlösung übergießen (500 g Zucker auf 1 Liter Wasser, abgekühlt mit einer Messerspitze Ascorbinsäure verrühren)	10	2–5 Stunden	in Hälften oder Schnitzen in Kuchen oder Aufläufen mitbacken; in Obstsalat, zu Süß- und Quarkspeisen in Mixgetränken, als Belag auf Tortenböden
Artischocken ++	Juli–September	nur junges Gemüse nehmen, mit etwas Ascorbinsäure 5 Minuten blanchieren, in Eiswasser abkühlen	8	–	gefroren wie frische verwenden
Auberginen ++	Juli–Oktober	roh nicht geeignet, zubereitet sehr gut geeignet: in gemischtem Gemüse mit Paprika, Tomaten und Zwiebeln; in Scheiben gebraten; gefüllt (Rezept Seite 120)	3	3–4 Stunden	erhitzen
Avocados ++	Oktober–Februar	Fleisch geschnitzelt, mit Zitronensaft vermischt; mit Zitronensaft püriert (1/2 Zitrone auf 1 Avocado)	2	3–4 Stunden	Schnitze in Salaten; Püree mit Salz, Pfeffer, Zwiebel und Kräutern als Vorspeise; mit Zucker und Früchten als Nachspeise
Aufläufe +++		ungebacken in der Form vorfrieren, aus der Form lösen, in Folie verpacken	3	1–6 Stunden	Aufläufe mit Backpulverteig ganz auftauen lassen. Alle übrigen Aufläufe 1–2 Stunden antauen lassen, etwas länger als üblich backen
Babykost +++		fertig gegart; püriert in Portionen	2	–	gefroren im Wasserbad etwa 30 Minuten erhitzen
Baiser —					
Birnen ++	August–Oktober	als Kompott oder Mus	10	2–3 Stunden	wie frisch gekocht verwenden
Biskuitgebäck ++		in Portionen einfrieren	3	2–6 Stunden	
Blätterteig +++		zu flachen, rechteckigen Päckchen formen	6	2 Stunden	wie frischen verwenden
Blätterteiggebäck +++		in Portionen verpacken	3	2–3 Stunden	nach Belieben 15 Minuten bei 175 Grad/Gas Stufe 2 aufbacken
Blumenkohl ++	Juni–Oktober	in nicht zu kleine Röschen teilen, in Wasser mit etwas Ascorbinsäure 3 Minuten blanchieren, in Eiswasser abkühlen, sofort einfrieren	10		für Gemüse gefroren wie frischen verwenden; für Salat gefroren mit Salatsoße übergießen, 2 Stunden zugedeckt auftauen lassen

Lebensmittel zum Einfrieren geeignet? +++ sehr gut ++ gut + weniger gut — gar nicht	**Wann günstig einkaufen?**	**So vorbereiten und einfrieren**	**Lagerzeit in Monaten**	**Zeit fürs Auftauen bei Zimmertemperatur – je nach Größe und Gewicht**	**So weiterverarbeiten**
Bohnen, dicke +++	Juni–Juli	Bohnenkerne waschen, 2 Minuten blanchieren, in Eiswasser abkühlen	10	–	gefroren wie frische verwenden
Bohnen, grüne +++	Juni–September	lange Bohnen brechen, kleine ganz lassen, 3 Minuten blanchieren, in Eiswasser abkühlen, evtl. etwas Bohnenkraut dazulegen und einfrieren	10	–	gefroren wie frische verwenden
Bohnen, Schneidebohnen ++	August	nur gegart einfrieren	8	3–5 Stunden	erhitzen
Bohnen, Wachsbohnen +++	August	für Gemüse: siehe grüne Bohnen; für Salat 10 Minuten kochen	10	–	für Gemüse gefroren wie frische verwenden; für Salat: gefroren mit Salatsoße übergießen, zugedeckt 2 Stunden auftauen lassen
Brandteig —					
Brandteiggebäck (z. B. Windbeutel) ++		aufschneiden und ungefüllt einfrieren	3	2–3 Stunden	evtl. aufbacken (siehe Blätterteiggebäck) und nach Belieben füllen
Braten +++		im ganzen oder in Scheiben, eventuell portionsweise mit Soße (siehe diese)	mager: 6 fett: 3	im ganzen: 5–12 Stunden; in Scheiben: 3–5 Stunden	kalt servieren; oder in Alufolie verpackt im Backofen bei 200 Grad/Gas Stufe 3 je nach Größe 45–60 Minuten erhitzen
Bratwurst ++		ungebrühte Wurst mit kochendem Wasser übergießen; in Portionen verpacken	3	2 Stunden	wie frische verwenden
Brokkoli +++	September, Dezember–April	3 Minuten blanchieren, in Eiwasser abkühlen	10	–	gefroren wie frischen verwenden
Brombeeren +++	August–September	siehe Erdbeeren			
Brot +++		im ganzen oder in Scheiben; fertig gekauftes Schnitt- und Toastbrot zusätzlich zur Originalverpackung in Gefrierbeutel oder in Folie verpacken	3	im ganzen: 2–5 Stunden; in Scheiben: 1–2 Stunden	ganzes oder geschnittenes Brot immer in der Verpackung auftauen lassen. Unaufgetautes Stangenweißbrot mit Wasser bestreichen, in den Backofen schieben, auf 200 Grad/Gas Stufe 3 schalten und 15 Minuten aufbacken; Toast- und Graubrotscheiben unaufgetaut rösten
Brotbelag/Aufschnitt (z. B. Schweinebraten, Roastbeef, Kasseler, gek. Pökelzunge, Fleischkäse, alle Wurstsorten, Schnittkäse) +++		eventuell gemischt verpacken	2	1–3 Stunden	wie frischen verwenden

Lebensmittel zum Einfrieren geeignet? +++ sehr gut ++ gut + weniger gut — gar nicht	**Wann günstig einkaufen?**	**So vorbereiten und einfrieren**	**Lagerzeit in Monaten**	**Zeit fürs Auftauen bei Zimmertemperatur – je nach Größe und Gewicht**	**So weiterverarbeiten**
Brote, belegte ++		immer mit Butter oder Margarine bestreichen, damit der Belag nicht durchweicht. Geeignet als Belag: alles außer Mayonnaise, grüner Salat, Gurken, Tomaten, Radieschen und Eiern	2	2–4 Stunden	für Pausenbrot und Picknick
Brötchen +++		so frisch wie möglich einfrieren, beim Bäcker fragen, ob es wirklich frische, nicht aufgebackene Tiefkühlbrötchen sind	2	–	30 Minuten in der Verpackung antauen lassen, im Backofen bei 200 Grad/Gas Stufe 3 etwa 10 Minuten aufbacken
Brühe +++		ohne Fett einfrieren, siehe auch Rezept Seite 86	6	–	gefroren langsam erhitzen
Butter +++		in kleinen Haushalten eventuell in Portionen einfrieren, zusätzlich zur Originalverpackung in Gefrierbeutel oder Folie verpacken	6	3–5 Stunden	in der Verpackung auftauen lassen
Buttercremetorte ++		nur reine Buttercreme geeignet, mit Puddingpulver angereicherte Creme trennt sich; Torte 3 Stunden unverpackt vorgefrieren, dann verpacken	3	6–8 Stunden	abgedeckt auftauen lassen, angetaut in Stücke schneiden
Champignons ++		putzen, eventuell in Scheiben schneiden. In einer großen Pfanne in wenig Fett mit etwas Zitronensaft, Salz, Pfeffer und evtl. geriebener Zwiebel unter Rühren so lange garen, bis alle Flüssigkeit verdampft ist	8	–	gefroren langsam erhitzen (nicht antauen lasssen)
Chicorée ++	November–Februar	nur gegart einfrieren; halbieren, bitteren harten Kern herausschneiden, in wenig Flüssigkeit 5 Minuten dünsten	8	2–3 Stunden	langsam erhitzen
Chinakohl +	September–Dezember	putzen, in Streifen schneiden, in wenig Fett 3 Minuten dünsten	8	2–3 Stunden	langsam erhitzen
Crème fraîche +		nur möglich bei Crème fraîche mit über 30 % Fettgehalt	3	1–2 Stunden	verrühren und sofort verwenden
Dickmilch —					
Eier, roh +++		nicht in der Schale, sondern leicht verrührt in Portionen einfrieren	8	1–2 Stunden	wie frische, verrührte Eier verwenden, z. B. für Kuchenteig
Eier, gekocht —					

Lebensmittel zum Einfrieren geeignet? +++ sehr gut ++ gut + weniger gut — gar nicht	**Wann günstig einkaufen?**	**So vorbereiten und einfrieren**	**Lagerzeit in Monaten**	**Zeit fürs Auftauen bei Zimmertemperatur – je nach Größe und Gewicht**	**So weiterverarbeiten**
Eigelb, roh ++		leicht verrühren	6	1–2 Stunden	wie frisches verwenden
Eiweiß, roh +++		leicht verrühren	8	1–2 Stunden	wie frisches verwenden
Eierkuchen +++			3	1–2 Stunden	in der Pfanne mit wenig Fett nur kurz aufbacken
Eierstich —					
Eis +++			3	–	5 Minuten vor dem Servieren aus dem Gefriergerät nehmen
Eisbein (Haxe) ++			2	10–12 Stunden	wie frisches verwenden
Ente +++		Flügel und Keulen an den Rumpf binden	3–6	6–8 Stunden	wie frische verwenden
Erbsen +++	Juni–August	2 Minuten blanchieren, in Eiswasser abkühlen	10	–	gefroren wie frische verwenden
Erdbeeren ++	Juni–Juli	geputzte Beeren ungezuckert nebeneinander auf einem Tablett vorgefrieren, die Früchte sollten sich nicht berühren, dann in Beutel verpacken; für Cremespeisen oder Mixgetränke mit Zucker bestreut einfrieren	10	2–5 Stunden	sofort nach dem Auftauen verwenden; oder gefrorene Beeren auf Tortenboden verteilen, warmen Tortenguß darübergießen, sofort servieren
Fasan +++		siehe Ente			
Fenchel ++	Oktober–Februar	halbieren oder vierteln, 4 Minuten blanchieren, in Eiswasser abkühlen	6	–	für Gemüse gefroren wie frischen verwenden; für Salate gefroren mit Salatsoße übergießen, 2 Stunden zugedeckt auftauen lassen
Fertiggerichte +++			1–3	2–6 Stunden	erhitzen
Fisch ++		nur, wenn absolut fangfrisch; küchenfertig im ganzen oder in Portionen einfrieren	3–6	2–5 Stunden	wie frischen verwenden
Fisch, geräucherter +		nur frisch geräuchert einfrieren	1–3	2–3 Stunden	wie frisch geräucherten verwenden
Fleisch, gekocht +++		in Scheiben oder Würfel schneiden, möglichst mit Brühe bedeckt einfrieren	3–5	3–5 Stunden	in der Brühe erhitzen
Fleisch, gebraten +++		im ganzen oder in Portionen, möglichst mit Soße bedeckt einfrieren	3–5	5–10 Stunden	siehe Braten; oder in der Soße erhitzen

Lebensmittel zum Einfrieren geeignet? +++ sehr gut ++ gut + weniger gut — gar nicht	**Wann günstig einkaufen?**	**So vorbereiten und einfrieren**	**Lagerzeit in Monaten**	**Zeit fürs Auftauen bei Zimmertemperatur – je nach Größe und Gewicht**	**So weiterverarbeiten**
Frikadellen +++		gebratene Frikadellen portionsweise verpacken	3	2–3 Stunden	aufgetaute Frikadellen kalt servieren; oder angetaute Frikadellen abgedeckt im Backofen bei 200 Grad/Gas Stufe 3 30 Minuten erhitzen; oder in der Pfanne mit wenig Fett aufbraten
Gans +++		Flügel und Keulen an den Rumpf binden	6	15–20 Stunden	wir frische verwenden
Gänseschmalz +++		in Portionen abfüllen und verpacken	2	1–2 Stunden	wie frisches verwenden
Gelatinespeisen: Sülzen, Aspik — Gelee ohne Eiweiß oder Sahne — Cremespeisen mit Eiweiß oder Sahne ++		fertige Cremespeisen im ganzen oder portionsweise verpacken	3	5–6 Stunden	bald nach dem Auftauen essen
Gemüsesaft +++			6	2–3 Stunden	als Getränk oder in Suppen verwenden
Grapfefruits ++	November–März	nur als Saft in Eiswürfelschale einfrieren, die Würfel dann in Gefrierbeutel verpacken	6	1 Stunde	wie frischen Saft verwenden
Grünkohl +++	November–Januar	2 Minuten blanchieren, grob hacken, besser als fertiges Gericht einfrieren (Rezept Seite 118)	6	3–5 Stunden	wie frischen verwenden; fertiges Gericht erhitzen
Grüne Salate —					
Gulasch, roh +++		in Portionen einfrieren	4–6	4–8 Stunden	kleine Portionen können auch angetaut angebraten werden
Gulaschgerichte +++		wie üblich zubereiten	3	5–10 Stunden	erhitzen
Hackfleisch +++		nur sehr frisch einfrieren; möglichst flache Päckchen formen; Schweinehackfleisch hält weniger lange als Rinderhackfleisch, fettes kürzer als mageres	1–3	2–3 Stunden	wie frisches verwenden
Hackbraten +++		als Vorrat: mehrere kleine Hackbraten formen, jeden in Alufolie verpacken und alle zusammen im Ofen garen; nicht mit gekochten Eiern füllen; im ganzen oder portionsweise einfrieren	3	4–5 Stunden	fast aufgetauter Hackbraten in Alufolie im Backofen bei 225 Grad/Gas Stufe 4 25 Minuten erhitzen; Scheiben in Soße erhitzen; angetaute Scheiben in etwas Fett in der Pfanne aufbraten

Lebensmittel zum Einfrieren geeignet? +++ sehr gut ++ gut + weniger gut — gar nicht	**Wann günstig einkaufen?**	**So vorbereiten und einfrieren**	**Lagerzeit in Monaten**	**Zeit fürs Auftauen bei Zimmertemperatur – je nach Größe und Gewicht**	**So weiterverarbeiten**
Hähnchen, Huhn +++		Flügel und Keulen an den Rumpf binden	6	3–4 Stunden	wie frisches verwenden
Hammel siehe Lamm					
Hase +++		im ganzen oder zerlegt, nicht spicken	6	8–10 Stunden	wie frischen verwenden
Hefegebäck +++		im ganzen oder portionsweise verpacken	3	3–4 Stunden	aufgetaut im Backofen bei 200 Grad/Gas Stufe 3 etwa 10 Minuten aufbacken
Hefeteig ++		für den Teig ein Viertel mehr Hefe nehmen, einmal aufgehen lassen, durchkneten, einfrieren	3	2–3 Stunden	besser vor dem Backen über Nacht abgedeckt im Kühlschrank auftauen, dann noch einmal gehen lassen
Heidelbeeren ++	August	siehe Erdbeeren			
Himbeeren ++	Juli	siehe Erdbeeren			
Hirsch +++		nur Stücke bis 2,5 kg, nicht spicken	8	8–12 Stunden	wie frischen verwenden
Holunderbeeren +++	September	als Saft einfrieren	10	2–3 Stunden	wie frischen Saft verwenden
Hummer +++		kurz kochen, bis der Hummer eben rot ist	2	–	gefroren in kochendes Wasser geben, vom Kochen an etwa 15 Minuten gar ziehen lassen
Joghurt –					
Johannisbeeren ++	Juli	waschen, von den Rispen streifen, weitere Verwendung siehe Erdbeeren			
Kalbfleisch siehe Rindfleisch					
Kaninchen +++		im ganzen oder zerlegt	6	6–8 Stunden	wie frisches verwenden
Kartoffeln, roh —					
Kartoffeln, zubereitet ++		als Kroketten, Pommes frites (vorfritiert), Kartoffelpuffer, Klöße	6	–	gefroren wie frische verwenden
Käse +		in flache Portionen verpacken	1–3	2–5 Stunden	bald nach dem Auftauen essen
Kasseler +++		im Stück oder in Scheiben einfrieren	1–3	2–6 Stunden	wie frisches verwenden

Lebensmittel zum Einfrieren geeignet? +++ sehr gut ++ gut + weniger gut — gar nicht	**Wann günstig einkaufen?**	**So vorbereiten und einfrieren**	**Lagerzeit in Monaten**	**Zeit fürs Auftauen bei Zimmertemperatur – je nach Größe und Gewicht**	**So weiterverarbeiten**
Kirschen +	Juni–August	nur dunkelrote, festfleischige Sorten verwenden, entsteint mit Zuckerlösung übergießen (500 g Zucker auf 1 l Wasser, abgekühlt mit 1 Messerspitze Ascorbinsäure verrühren)	6	5–10 Stunden	für Kompott oder in Aufläufen verwenden
Kirschen, sauer ++	Juli	mit Stiel waschen, abtropfen lassen, ensteinen, weitere Verarbeitung siehe Erdbeeren			
Kohl, Weißkohl, Rotkohl, Spitzkohl, Wirsing +++	Rot- und Weißkohl: Oktober–März Spitzkohl: Mai–Juni Wirsing: Mai, August–November	roh in Streifen (3 Minuten blanchieren); als Blätter für Rouladen: Kopf in kochendes Wasser legen, nach 3 Minuten herausnehmen, die oberen Blätter ablösen, den Vorgang wiederholen, bis der Kohl verbraucht ist; portionsweise verpacken	6	3–4 Stunden	wie frischen verwenden
Kohlrabi +++	Juni–Juli	in Scheiben oder Stifte schneiden	6	–	gefroren wie frischen verwenden
Kohlrübe siehe Steckrübe					
Körniger Frischkäse —					
Krabben ++		mit oder ohne Schale	3	2–3 Stunden	wie frische verwenden
Krapfen (Fettgebackenes) ++		fertig gebacken einfrieren	1–2	–	gefroren mit Alufolie abgedeckt im Backofen bei 200 Grad/Gas Stufe 3 20–25 Minuten aufbacken
Kräuter +++	Mai–September	waschen, trockentupfen und zerkleinern, portionsweise einfrieren	10	–	portionsweise entnehmen, gefroren verwenden
Kräuterbutter ++		portionsweise verpacken	3	3–5 Stunden	wie frische verwenden
Lammfleisch als Braten +++		Stücke bis 2,5 kg	3–6	10–12 Stunden	wie frischen verwenden
Lammfleisch zum Kochen +++		Stücke bis 2,5 kg	3–6	2 Stunden	angetaut kochen
Lammfleisch zum Kurzbraten +++		Scheiben einzeln oder durch Folie getrennt verpacken	3–6	2 Stunden	wie frisches verwenden
Lauch siehe Porree					
Maiskolben +++	August–September	2 Minuten blanchieren, in Eiswasser abkühlen	10	–	gefroren wie frischen verwenden

Lebensmittel zum Einfrieren geeignet? +++ sehr gut ++ gut + weniger gut — gar nicht	**Wann günstig einkaufen?**	**So vorbereiten und einfrieren**	**Lagerzeit in Monaten**	**Zeit fürs Auftauen bei Zimmertemperatur – je nach Größe und Gewicht**	**So weiterverarbeiten**
Makronen —					
Mango ++	Oktober–März	schälen und das Fruchtfleisch in Scheiben schneiden	6	2–3 Stunden	wie frische verwenden
Mangold +++	Mai–Juli	putzen, waschen, 2 Minuten blanchieren, in Eiswasser abkühlen, eventuell hacken	10	2–3 Stunden	wie frischen verwenden
Margarine +++		siehe Butter			
Maronen (Eßkastanien) +++	Oktober	Schale über Kreuz einschneiden, im Backofen bei 250 Grad/Gas Stufe 6 etwa 20 Minuten rösten, Schale und Häutchen entfernen	10	2–3 Stunden	wie frische verwenden
Mayonnaise —					
Meerrettich +++	November–Februar	schälen, reiben und mit Zitronensaft vermischen; oder in Stücke schneiden und mit Zitronensaft beträufeln	3	1 Stunde	wie frischen verwenden
Melone —					
Milch +		in der Originalverpackung oder im Gefrierbeutel einfrieren	3	4–5 Stunden	nur zum Kochen und Backen verwenden
Mirabellen ++	August–September	waschen (nicht entsteinen), mit Zuckerlösung übergießen (500 g Zucker auf 1 l Wasser, abgekühlt mit 1 Messerspitze Ascorbinsäure verrühren)	4	5–10 Stunden	für Kompott verwenden
Möhren ++	Juli–September	schälen, in Scheiben schneiden; für Rohkost und Salat raffeln	8	–	für Gemüse: gefroren wie frische verwenden; für Salat: gefroren mit Salatsoße übergießen, zugedeckt 2 Stunden auftauen lassen
Mürbeteig +++		in Gefrierbeutel oder Folie verpacken	6	4–6 Stunden	wie frischen verwenden
Mürbeteiggebäck +++		Tortenböden und Torteletts erst nach dem Auftauen belegen	4	1–2 Stunden	wie frisches verwenden
Muscheln +++	Oktober–März	Muscheln mit Schale waschen, offene wegwerfen, tropfnaß im geschlossenen Topf bei starker Hitze unter gelegentlichem Schütteln 5 Minuten dünsten, aus der Schale nehmen, noch ↓	6	–	gefroren in Soße oder Suppe erwärmen; oder im Sud erhitzen

Lebensmittel zum Einfrieren geeignet? +++ sehr gut ++ gut + weniger gut — gar nicht	**Wann günstig einkaufen?**	**So vorbereiten und einfrieren**	**Lagerzeit in Monaten**	**Zeit fürs Auftauen bei Zimmertemperatur – je nach Größe und Gewicht**	**So weiterverarbeiten**
		geschlossene Muscheln wegwerfen, sofort einfrieren; oder im Wasser-Wein-Sud mit Gewürzen wie üblich kochen, Muschelfleisch im durchgesiebten Sud einfrieren			
Nüsse ++	Oktober–November	alle Sorten; ganz, gehackt oder gemahlen	6	2–3 Stunden	wie frische verwenden
Obstkuchen +++		im ganzen oder in Stücken, Folie dazwischen legen	6	2–4 Stunden	wie frischen verwenden; oder gefroren mit Alufolie abgedeckt im Backofen bei 200 Grad/Gas Stufe 3 15–20 Minuten aufbacken
Orangen ++	November–Februar	siehe Grapefruit			
Paprikaschoten +++	Juli–Oktober	waschen, halbieren, Kerne und Stengel entfernen, in Hälften ineinander stapeln oder in Streifen schneiden	8	–	für Gemüse: gefroren wie frische verwenden; für Salat: gefroren mit Salatsoße übergießen, zugedeckt 2 Stunden auftauen lassen
Petersilie +++	Juni–September	waschen, trockentupfen, Blätter abzupfen und portionsweise im Gefrierbeutel verpacken; oder hacken	8	–	gefrorene Blätter über dem Gericht zerdrücken; gehackte Petersilie portionsweise entnehmen
Pfirsiche +++	Juli–September	siehe Aprikosen			
Pflaumen ++	August–September	siehe Mirabellen			
Pilze ++	September–Oktober	siehe Champignons			
Pizza +++		Pizza vorbacken (Rezepte Seite 136), im ganzen oder portionsweise einfrieren	3	–	gefroren mit Alufolie abgedeckt im Backofen bei 200 Grad/Gas Stufe 3 25 Minuten aufbacken
Porree ++	September–November	putzen, in Stücke schneiden, in wenig Salzwasser 3 Minuten dünsten, mit der Flüssigkeit einfrieren	8		gefroren wie frischen verwenden
Preiselbeeren +++	September	roh, ohne Zucker	10	2–3 Stunden	wie frische verwenden
Pudding (Flammeri) —					
Pute +++		siehe Gans			
Quark +++		zusätzlich zur Originalverpackung im Gefrierbeutel oder in Folie verpacken	4–6	3–5 Stunden	wie frischen verwenden

Lebensmittel zum Einfrieren geeignet? +++ sehr gut ++ gut + weniger gut — gar nicht	**Wann günstig einkaufen?**	**So vorbereiten und einfrieren**	**Lagerzeit in Monaten**	**Zeit fürs Auftauen bei Zimmertemperatur – je nach Größe und Gewicht**	**So weiterverarbeiten**
Quarksahnetorte +++		2 Stunden vorgefrieren, im ganzen oder portionsweise verpacken (Rezept Seite 129)	3	6–8 Stunden	zugedeckt auftauen lassen, angetaut in Stücke schneiden
Radieschen —					
Rebhuhn +++		siehe Hähnchen			
Reh +++		siehe Hirsch			
Renekloden ++	August	siehe Mirabellen			
Rettich —					
Rhabarber +++	April–Mai	putzen und in Stücke schneiden	6	–	gefroren wie frischen verwenden
Rindfleisch als Braten +++		Stücke bis 2,5 kg; Sauerbraten eventuell in der Marinade einfrieren	6–8	10–12 Stunden	wie frischen verwenden; Sauerbraten in der Marinade auftauen, gleich verwenden
Rindfleisch zum Kochen +++		Stücke bis 2,5 kg	6–8	2 Stunden	angetaut kochen
Rindfleisch zum Kurzbraten +++		Scheiben einzeln oder durch Folie getrennt verpacken	6–8	2 Stunden	wie frisches verwenden
Rouladenfleisch +++		Scheiben durch Folie getrennt verpacken	8	2 Stunden	Scheiben nebeneinander gelegt auftauen, wie frisches verwenden
Rouladen, gegart +++		mit ungebundener oder mit Mehl gebundener Soße einfrieren (Rezept Seite 42)	3	3–4 Stunden	langsam erhitzen, eventuell Soße binden
Rosenkohl +++	Oktober–Januar	putzen, waschen, 4 Minuten blanchieren, in Eiswasser abkühlen	10	–	gefroren wie frischen verwenden
Rote Bete +++	September–November	roh nicht möglich; mit Schale fast weich kochen, schälen, in Scheiben oder Würfel schneiden	10	–	für Gemüse: gefroren in Soße erhitzen; für Salat: gefroren mit Salatsoße übergießen, zugedeckt 2 Stunden auftauen lassen
Rotkohl +++	Oktober–März	siehe Kohl			
Rührkuchen +++		im ganzen oder in Portionen verpacken	6	3–6 Stunden	in der Verpackung auftauen lassen
Rührteig +		in einer Aluform einfrieren	3	3–5 Stunden	nur völlig aufgetaut backen
Sahne, süße +++		zusätzlich zur Originalverpackung im Gefrierbeutel verpacken	3	1–2 Stunden	wie frische verwenden

Lebensmittel zum Einfrieren geeignet? +++ sehr gut ++ gut + weniger gut — gar nicht	**Wann günstig einkaufen?**	**So vorbereiten und einfrieren**	**Lagerzeit in Monaten**	**Zeit fürs Auftauen bei Zimmertemperatur – je nach Größe und Gewicht**	**So weiterverarbeiten**
Sahne, saure —					
Sahnetorte +++		siehe Quarksahnetorte			
Salate ++		nicht möglich: grüne Salate; möglich: Salate aus gegartem Gemüse, Käse, Wurst oder Fleisch. Sie dürfen keine Mayonnaise, keine gekochten Eier und keine Kartoffeln enthalten	1–3	3–5 Stunden	nach dem Auftauen noch einmal abschmecken
Sauerkraut +++		roh oder als fertiges Gericht	3–6	3–5 Stunden	gefroren wie frisches verwenden; fertiges Gericht langsam erhitzen
Schinken, roh und gekocht ++		in Scheiben oder Würfel portionsweise verpacken	2–3	1–2 Stunden	zugedeckt auftauen lassen
Schmorgurken ++	Juli–September	für Salat: nicht möglich; für Gemüse: schälen, halbieren, entkernen und in Stücke schneiden	6	–	gefroren wie frische verwenden
Schwarzwurzeln +++	November–Januar	schälen und, damit sie nicht braun werden, sofort in Essig-Wasser mit 1 Eßlöffel Mehl legen, in kochendem Wasser mit etwas Ascorbinsäure 3 Minuten blanchieren, in Eiswasser abkühlen	6	–	gefroren wie frische verwenden
Schweinefleisch als Braten +++		Stücke bis 2,5 kg	2–4	10–12 Stunden	wie frischen verwenden
Schweinefleisch zum Kochen +++		Stücke bis 2,5 kg	1–3	2 Stunden	angetaut kochen
Schweinefleisch zum Kurzbraten +++		Scheiben einzeln oder durch Folie getrennt verpacken	2–6	2 Stunden	wie frisches verwenden
Sellerie +++	Oktober–Januar	schälen, in Scheiben oder Stücke schneiden, in wenig Salzwasser mit 1 Messerspitze Ascorbinsäure 5 Minuten kochen; für Suppengrün: würfeln, roh einfrieren	6	–	für Suppen und Eintöpfe: gefroren verwenden; für Salat: gefroren mit Salatsoße übergießen und zugedeckt 2 Stunden auftauen lassen
Soßen ++		mit Speisestärke gebunden nicht möglich; ungebunden oder mit Mehl gebunden einfrieren	6	2 Stunden	gebundene Soßen im Wasserbad erwärmen

Lebensmittel zum Einfrieren geeignet? +++ sehr gut ++ gut + weniger gut — gar nicht	**Wann günstig einkaufen?**	**So vorbereiten und einfrieren**	**Lagerzeit in Monaten**	**Zeit fürs Auftauen bei Zimmertemperatur – je nach Größe und Gewicht**	**So weiterverarbeiten**
Spargel ++	Mai–Juni	waschen, schälen, holzige Enden abschneiden; Stangenspargel portionsweise mit Küchenband bündeln; Bruchspargel portionsweise verpacken; eventuell Spargelschalen mit Wasser bedeckt 30 Minuten auskochen, über einem Sieb abgießen, abgekühltes Spargelwasser einfrieren	8	–	gefroren in kochendes Wasser, besser Spargelwasser geben, 10 Minuten garen; Spargelwasser auch für Gemüsesuppen verwenden
Speck +		portionsweise im ganzen, in Scheiben oder gewürfelt	1–2	2–3 Stunden	wie frischen verwenden
Spinat +++	April–Juni, September	verlesen, waschen, 1 Minute blanchieren, in Eiswasser abkühlen, gut ausdrücken	10	–	gefroren wie frischen verwenden
Stachelbeeren +++	Juni–Juli	putzen, waschen, trockentupfen; grüne Beeren 2 Minuten blanchieren, in Eiswasser abkühlen; reife Beeren nicht blanchieren	10	–	gefroren für Kompott und Kaltschalen verwenden
Staudensellerie ++	Oktober–Dezember	putzen, in Stücke schneiden, in wenig Salzwasser 3 Minuten dünsten, mit Flüssigkeit einfrieren	6	–	nur für Gemüse: gefroren wie frischen verwenden
Steckrüben +++	Oktober–Februar	roh wie Kohlrabi; besser als fertiges Gericht	6	5–8 Stunden	roh gefroren wie frische verwenden; fertiges Gericht erhitzen
Suppen +++		siehe Soßen			
Suppengrün +++	August–Oktober	Möhren, Petersilienwurzel, Porree und Sellerie zu gleichen Teilen putzen, kleinschneiden, portionsweise einfrieren	10	–	gefroren wie frisches verwenden
Tatar (Beefsteakhackfleisch) +++		nur sehr frisch einfrieren, flache Päckchen formen	6	2–3 Stunden	sofort wie frisches verwenden
Tomaten ++	August–September	als Püree einfrieren (Rezept Seite 116)	10	–	gefroren in Soßen, Suppen oder Gemüse verwenden
Weintrauben —					
Weißkohl +++	Oktober–März	siehe Kohl			
Wildschwein +++		siehe Hirsch			
Wirsing +++	Mai, August–November	siehe Kohl			

Lebensmittel zum Einfrieren geeignet? +++ sehr gut ++ gut + weniger gut — gar nicht	**Wann günstig einkaufen?**	**So vorbereiten und einfrieren**	**Lagerzeit in Monaten**	**Zeit fürs Auftauen bei Zimmertemperatur – je nach Größe und Gewicht**	**So weiterverarbeiten**
Wurst ++		alle Arten; fette Wurst hält weniger lange als magere; in nicht zu große Portionen verpacken	1–3	2–3 Stunden	zugedeckt auftauen lassen, möglichst in den nächsten 2 Tagen verbrauchen
Würstchen ++		siehe Bratwurst			
Zitronen ++		siehe Grapefruit			
Zucchini ++	Juli–September	waschen und in Scheiben schneiden	8	–	für Gemüse: gefroren wie frische verwenden; für Salat: gefroren mit Salatsoße übergießen, zugedeckt 2 Stunden auftauen lassen
Zuckererbsen +++	Mai	putzen, waschen, 2 Minuten blanchieren, in Eiswasser abkühlen	10	–	gefroren wie frische verwenden
Zwetschen ++	September–Oktober	waschen, abtrocknen, entsteinen; für Kuchenbelag: ausgebreitet auf einem Tablett 2 Stunden vorgefrieren, in Portionen verpacken (2 Kilo für ein Blech, 800 g für eine Springform)	8	3–4 Stunden	wie frische verwenden

Register